日本財団は、いったい何をしているのか

第六巻　社会を変える挑戦

日本財団は、いったい何をしているのか

――第六巻　社会を変える挑戦

プロローグ

日本財団が展開している社会貢献事業には、慈善や福祉の枠を超えた大胆な発想に立つものが少なくない。中には世間一般の論争を巻き起こしそうな大胆な試みも見られる。

リーダーの笹川陽平会長はしばしば、「ソーシャル・イノベーション（社会刷新）」という語句を口にする。貧困、子どもや障害者のケア、災害、環境問題など地球規模にも及ぶ社会課題を解決するには、国・自治体といった行政や企業、ＮＰＯ、さらには国際機関といった従来の枠組みにとらわれない柔軟な発想が求められるとの主張だ。

「ソーシャル・イノベーションというと、企業の新製品の開発とか、ＡＩ（人工知能）とかのことだと思う人が多いようですが、違うのです。ソーシャル・チェンジと言い換えた方がいいかもしれない。戦後七十余年続いたわれわれの社会の枠組みのうち、時代にそぐわなくなったものはどんどんチェンジしていきましょうという呼びかけです。それが少子高齢化の日本が生き残る道だと」

笹川会長によれば、戦後の日本国民は、「民主主義」の名のもとに権利の主張ばかりしてきた。また、それに応えるのが政治の役割だという認識で今日まできた。その結果、どういうことになったか。国の予算規模は百兆円を超えるが、実質収入（税収）はその六割ほどしかない。行政にばかり依存していては、最近の新型コロナウイルス感染症対策を含め山積する社会課題は解決しない現実を突きつけられたのである。

「これからのわれわれ国民は、ただ権利を主張するだけでなく、その権利と背中合わせになっている義務を履行しなければならない。今や成熟した社会においては、行政だけでは対応できない多様な問題が出てきている。ですから、国民のすべてというより、志ある人が企業やＮＰＯの一員として、行政とうまく連携しながら対応することが求められる。民間が主役になれば社会的コストを大幅に削減できることははっきりしています」

そういうソーシャル・チェンジのハブ（中軸）の役割を日本財団は目指している。

この考えに沿って、本書（第六巻）では日本財団が進めている三つの事業を取材対象に選んだ。

第１章　職親プロジェクト

第２章　特別養子縁組という方法

第３章　鳥取発の地方創生

一見、関連性がないように思える三つの事業だが、共通項がある。官と民の協働（あるいは民間活力の導入）による社会の仕組みの変革と、それによる社会的コストの削減の推進である。これまでの常識を打ち破る変革につながっていくかどうかを探ってみたい。

目次

目　次

第1章

職親プロジェクト

先駆けのお好み焼きチェーン

■会長の訓話

——罪を犯し、刑務所や少年院にいた元受刑者らを雇い入れ、本気で彼らの更生を手助けすることができますか？

日本全国の大手、中小企業の経営者らにこの質問を投げかけてみて、即座に「はい」と答えるのは、果たして何割だろうか。やってみないとわからないが、何割というレベルではなく、もっと微小な数値になるのではないか。

そんなことを考えながら、取材を始めた。

大阪・ミナミのＯＣＡＴ（大阪シティエアターミナル）に近いビルの七階にある「千《ち》房《ぼう》」本社を初めて訪ねたのは２０１９年５月の中旬だった。

大阪の「千房」（資本金五千万円）と言えば、飲食業界では誰もが知るお好み焼きチェーンである。「千房」の名は、かつての天下人・太閤秀吉の馬印に由来するという。創業か

若手社員に語りかける千房の中井政嗣会長（2019年5月、大阪市浪速区の千房本社）

ら半世紀。大阪を中心に札幌、仙台、東京、横浜から福岡、熊本まで全国に展開し、ハワイ・ホノルルや台湾・高雄、さらにベトナム、タイなど海外を加えると店舗数は七十七（２０２０年２月現在）に及ぶ。社員は契約・アルバイトを含めると千四百人を超える。

千房本社には管理部門の雰囲気が漂う。フロアの一角にあるガラス張りの一室に案内されると、会長の中井政嗣（１９４５年生まれ）がソファに腰を据え、入社してまだ一年余りだというモリモト・カズオ（１９９７年生まれ）＝仮名＝と向き合って、真剣な言葉のやりとりを続けていた。筆者は二人の了解を得て、そのもようを傍聴させてもらった。

中井がモリモトに問う。

「僕のことを、『成功者』だと思うか?」

　会長室での一対一の面談である。どう答えたらいいのか。緊張した様子のモリモトは、言葉に詰まった。

　モリモトの困惑を見て取った中井が、貧しかった若いころの自身の経験を語り始めた。

「僕は、世間では『成功者』といわれているけど、振り返ってみると、中学校を卒業してすぐ社会人になってからの最初の十九年間といえば、目立たず、誰からも期待をかけられず、鳴かず飛ばずやった。それでも、コツコツ、コツコツやってきた結果、今があるんやね」

　若手社員に対する訓話の趣ではあったが、会長の口調は穏やかで、けっして叱責調ではなかった。中井は説教をしようとは思っていなかった。モリモトに、人間としての生き方についての自分の信念を語りたかったのだという。

　ダークスーツにネクタイを締めたモリモトはかしこまって聞いていたが、中井の関西弁が放つざっくばらんな調子が全体の雰囲気を和らげていた。

「何が言いたいのかというと……。ビルを建てる時に、最初にしなければならないのは、何?」

「土台……。基礎づくりです」

「うん。土台をつくるには、しっかり穴を掘らんとあかん。けれど、その穴掘りはいくら努力しても目立たんもんや。誰も注目してくれへん。それでも、地道にやらんといかん。基礎がしっかりしていないと、上にのっている建物は風が吹いたら一発で倒れてしまう」

中井は、廃棄書類の裏面を活用した手づくりのメモ用紙にビル建設工事をデフォルメしたイラストを描きながら、話の核心に入った。

「今、君は、ここ（土台部分）をきちんと掘らんとあかんのに、こっち（目に見える上の部分）に手をつけようとしているように見える。どうかな？」

「ハイ、確かに……」

「あせったら、あかん。今、目立とうとせんでもええ。今は、基礎を積み上げていく時やな……。採用してすぐに君を正社員にしたのは、君を努力家と見たし、勢いがあったからや。ただ、今言ったように、努力の仕方が、ちょっと間違っている。修正しておかんと、取り返しがつかんようになる。目標をもって、今はコツコツ努力の時や」

中井はモリモトに、「千房」を創業してからも最初から業績が挙がったわけではないと語った。それでも、「血の小便が出るくらいのいろんな努力」を重ねた結果、「もう（基礎の）の穴掘りはやらなくていい」ところまでこぎつけ、上の建物づくり（出店）に取りりかかった。努力はやがて、全国展開のお好み焼きチェーンとなって結実していく。

「目に見える結果が出るまでには、他人の目には見えない穴掘りを懸命に続けた努力があった。それが大事なんや」

大阪府出身のモリモトだが、千房に入社後、まず東京・八王子の店に配属され、さらに横浜駅前のそごう横浜店に転勤になった。最初は会長の中井が注目するほど意欲的に仕事をしたが、店の先輩らが見るところ、最近はちょっと働き方や生活の様子が「不安定」になっている。店長に「やめたい」と言い放ったこともあった。大阪に住む母親が入院するなど病気がちであることも気にかけているようだという。

わざわざ呼び寄せて面談する理由について、中井は「大阪の店に勤務しているのと違い、いつでも声をかけるわけにはいかないから、思い切って本社に来てもらった」と説明した。

それにしても、たった一人の若い社員の働きぶりや生活のちょっとした変化を気にかけ、横浜からわざわざ出張扱いにしてまで大阪の本社に呼び、会長自らが膝を突き合わせ、一時間余りも自分の体験を語って聞かせるという個別の対応は、営利優先の熾烈な競争でしのぎを削る企業社会ではあまり見られないことではないか。ところが、千房では、こうした会長面談が珍しくないのだ。

なぜか。モリモトの履歴を知れば、中井の熱のこもった面談にも合点がいく。

■未来は変えられる

モリモトには少年院に収容された過去がある。未成年だった時、傷害と窃盗などの罪を犯して警察に捕まった。そして、家庭裁判所の決定で少年院に送致された。千房はむろん、モリモトに何らかの前歴があることを承知していた。それを前提に、営業本部長が少年院まで出向いてモリモトに面接し、仮退院処分となった2018年3月、採用したのである。

千房は、犯罪歴がある者をあえて雇い入れる思い切った取り組みを世間に公表し、2013年から本格的に開始した。そこに日本財団が深くかかわっている。

取り組みは、「職親《しょくしん》プロジェクト」という。

日本財団が助成する社会貢献活動の中でも、とりわけユニークな事業だ。「職親」とは耳慣れない文言だが、日本財団の説明では、「職（仕事）を与え、親代わりとなって支える」との意味が込められている。

日本財団の呼びかけに応じプロジェクトに参加した「職親企業」は2013年2月の発

足時では千房など大阪の七社にすぎなかったが、2020年3月の時点では全国で計百六十七社を数える。千房はプロジェクトに参加する企業の中で代表的な存在であり、中井は参加企業の経営者たちのリーダーといっていい。

職親プロジェクトが立ち上げられた背景には、罪を犯して服役した者が刑務所や少年院を出所（院）後に再び犯罪を引き起こす再犯者率が年々上昇している現状があった。刑法犯の検挙人員は2004年の三十八万九千二百九十七人をピークに減少に転じ、2019年版の犯罪白書によると、2018年には二十万六千九十四人と大きく減少している。しかし、検挙された者に占める再犯者の割合を意味する再犯者率は1997年以降一貫して上昇し続け、2018年は48・8％にのぼっている。

再犯の大きな原因は仕事がなく、支えてくれる存在がいないからだと職親プロジェクトは考えた。だから、過去に罪を犯した元受刑者を積極的に雇用し、彼らの社会復帰のために手厚い支援を行うことによって、再犯者を減らそうとしている。

職親プロジェクトが具体的にどのようにして設立され、これまでにどのような活動を展開してきたかについては、逐次述べていくことになるが、注目すべき特徴にここでふれておきたい。日本財団がプロジェクトに参加する企業との間でとり交わす約款の第三条に

職親プロジェクトの地域別参加企業数

（2020年3月13日現在）

地域	発足日	登録企業数
大阪	2013年2月28日	59
東京	2013年12月4日	21
福岡	2015年11月9日	28
和歌山	2016年7月15日	19
新潟	2017年5月10日	11
北海道	2020年2月5日	29
合計		167

「職親企業」が満たさなければならない要件が列記されている。その中に次のような条文があった。

「本プロジェクトに参加していることを、社内・社外に公表すること」

職親プロジェクトに参加する企業に対し、その覚悟を求めた条文である。

中井は、よくこう言う。

「過去は変えられないが、未来は変えられる」

千房本社の会長室で、中井と少年院収容の履歴があるモリモトのやりとりを聞いていると、中井がモリモトの更生に懸命になっていることがよくわかった。

「将来の目標は、何かな」

「信頼される店長です」

「独立は考えていないの？」

「まったく……。（千房の）店長を目指しています」

「なら、どないしたら店長になれると思う？」

「……」

中井はいろんな質問をし、自らの経験に基づいてさまざまな助言をしていたが、とくに力説していたのは、若いころの無駄遣いの戒めである。

中井は言う。

「五十代のケチは見苦しい。そやけど、二十代のケチは、それなりの人が見ると、頼もしい。今、ええカッコすることは、まったくいらんねん」

モリモトが会社の寮を出て、一人でアパート暮らしを始めたと聞いた中井の意見は厳しかった。アパートの家賃月八万円のうち、会社は半分以上の四万三千円を補助してくれる。しかし、月三千円の寮費と光熱費だけで暮らせた時に比べると、住居費は四万円も跳ね上がった。おまけに、新しい部屋に、買わなくてもいい家具なんかを買いそろえたのではないかという中井の推測は図星だった。

「快適な部屋になったら、誰かを呼びたくなる。女の子もな。すると、もっとええカッコをしたくなる。お金は出ていく一方や。自立したいと思うのはええけれども、無駄遣いはするなよ」

もう一度、会社の寮に入り直し、それで浮いた四万円を母親に仕送りしなさいと中井は直言した。

■父と息子のように

中井はモリモトが自分の息子であるかのように、自分自身を語り続けた。とくに、中学校を卒業して就職した十六歳の時につけ始めた金銭出納帳については熱心に話した。道端で拾った五円、十円まで克明に記入したという。

中井が大阪・住吉区に小さなお好み焼き店「喜多八」を開業したのは、1967年のことだ。その六年後の1973年、ミナミの千日前に「お好み焼き千房」一号店を開業することになるのだが、預金は当時八十万円しかなかった。大阪の繁華街の中心部に出店する資金をどうやって捻出したのか。

「小さな信用組合が、長年にわたる私の金銭出納帳を担保とみなし、その信用で三千万円を融資してくれた。それで、千房が誕生した。一つひとつが、今につながっている」

一時間以上にわたった面談で、中井の話しぶりが一貫して訓話調だったことは否めない。終始、かしこまって聞いていたモリモトがどのように受け止めたか。本音は、筆者にはわからない。

しかし、中井が「職」の「親」として、少年院を出た履歴の社員のことを親身になって考えていることはよくわかった。

　モリモトは自分の生い立ちや家族関係、とくに父親について中井の前では語らなかったが、その話しぶりから、幼いころから父性愛に渇望していたことがうかがえる。それらを汲み取っている中井の胸の中には、まわりに認められたいという意欲が先走りしがちで、そのあまりキレてしまう恐れのあるモリモトをなんとか更生させ、一人前にしたいという思いが詰まっているようだった。

　面談の終わりが近づいたころ、中井はモリモトに向かって、印象に残るメッセージを二つ、贈った。

「君のお父さんやからな、私は。だから、君のことが気になる」

「人生は、何回リセットしてもいい。もう一回リセットして、ちょっとだけ、頑張ってみようよ」

【筆者注】千房株式会社がモリモト・カズオ＝仮名＝を雇用した経緯について、ここで補足しておく。千房が少年院で応募したモリモトを面接したうえで採用したのは２０１８年３月である。ところが、その当時、日本財団と職親プロジェクトの参加企業が締結した約款では、薬物事犯や強制わいせつの罪に問われた者はプロジェクトの支援対象者からは除外することになっていた。モリモトの犯歴には大麻不法所持が含まれている。しかし、千房は、モリモトが常習ではなかった事実などを勘案し、独自の判断によって職親プロジェクト外での採用を決めた。その後の2018年10月、約款は改正され、薬物事犯者であっても軽度である場合に限り、職親企業側が雇用したい旨を日本財団に申請して承認を得れば職親プロジェクトの枠内で雇用できることになった。

■「受け子」からの脱出

千房本社を訪れた際、中井会長のモリモトとの面談とは別に、二人の若手社員にそれぞれ一対一でインタビューする機会があった。

兵庫県の私立高校を中退したカトウ・マモル（1998年生まれ）＝仮名＝は千房で働くようになるまでは職場を転々と変えていた。その過程で悪の道に誘い込まれている。一年四カ月の処分を受けて少年院に送致された。

罪名は詐欺です、とカトウは言った。

詐欺事件？　筆者は、まだあどけなさの残るカトウの表情を見つめ、少し怪訝に思いながら話を聞いた。

カトウは、中学の時からアルバイトでいろんな仕事をしていたという。そのまま就職しようかとも思ったが、野球が得意だったことで、推薦入学枠のある私立高校の「スポーツ科」に進学した。

一年生の時からレギュラー選手（ショート）となり、秋季大会に出場するなど活躍した。ところが、それがチームメートの反発を生み、同じポジションの先輩選手と大喧嘩する騒ぎを引き起こした。

それで、嫌気がさして、野球部をやめた。その結果、スポーツ科推薦入学の条件に反することになってしまった。

「学校はやめたくなかったけど、退学するしかなかった」

高校中退のカトウはまず造船会社で船の塗装作業の仕事を得た。広島、今治、横須賀などの造船所で仕事を覚えていったが、半年ほどでやめる。次に勤めたのは、建物の内装工事を請け負う兵庫県内のクロス屋だったが、これも三カ月しか続かなかった。次に勤めた自宅近くの道路舗装工事会社には四カ月勤務したが、そこにいた同僚が、なんと振り込め詐欺組織の一味だった。

詐欺組織一味の男は、カトウが高校時代の先輩との間で深刻な怨恨関係を引きずっていることを知っていた。カトウを恨むその先輩とは親しい間柄だったからだ。

一味の男はカトウに向かって、「いい仕事がある」と誘い、最後には「俺たちのグループに入らなければ、あいつにお前の居場所を教えるぞ」と脅した。カトウは喧嘩沙汰になるのを避けたかった。それでやむなく、しかし、詐欺行為については深く考えることもなく、組織加入を承諾したのである。

「僕は十七歳でした。あまりテレビのニュースを見なかったし、オレオレ詐欺や振り込め詐欺についてよくわかっていなかったのです」

カトウが受け持ったのは、「受け子」と呼ばれる現金を受け取る役目、または受け子の手配である。多い時では週に六～七回、犯行に加わったが、指示された現場に行って中身がわからない封筒や荷物を受け取り、それを上部に届けるだけの末端だった。

「今は、なんでそんなことをしたのかと思うけれど、あの時は催眠状態にかかっていたようなものでした。受け取るだけで、小遣いがもらえるなら、それでいいかなと思っていた」

ある日、組織の上部から指示されたマンションの前で、現金入りの小荷物を届けてくるはずの宅配人を待っていたら、宅配会社のユニホームを着て偽装した捜査員が現れた。周辺に隠れていた他の捜査員も一斉に飛び出してきて、取り押さえられたという。

カトウは詐欺組織や犯行の全容をほとんど知らなかった。罪の意識は薄かった。被害総額が一億数千万円だと捜査員から告げられ、驚いたという。

少年院の中で、千房の社員募集のＤＶＤ映像を見た時、カトウは「こんな職場で働いてみたい」と強く思った。応募し、少年院で面接を受けてみると、すぐに内定の通知をもらった。

「夢のような思いでした。やっと、まともな会社に入れたと思いました」

２０１７年４月、仮退院処分で少年院を出たカトウは千房に入社した。最初に配属された店も翌２０１８年９月から勤務する店も、いずれも大阪・ミナミの繁華街にあり、千房チェーンの中では重要な位置を占める。そこで働けることがやる気の原動力になっているような話しぶりだった。

千房本社総務部によれば、店に配属された新入社員の場合、最初は厨房の掃除や皿洗いに始まり、材料の仕込みもこなし、慣れてくればお客の前でお好み焼きをつくってみせるパフォーマンスも披露するようになる。カトウは、そんな仕事を一つひとつ覚えていくのが楽しい時期だったようだ。

目標にしている店長がいるとカトウは言った。

「目標に向かって、毎日仕事をしています。僕の人生を邪魔する人間とは、もう付き合わない」

千房本社でインタビューできたもう一人の社員、アイカワ・ヒロシ（1986年生まれ）＝仮名＝は三十歳を過ぎているだけに、落ち着いた話しぶりだった。2017年12月から契約社員として千房で働き始め、2018年4月には正社員に採用された。12月からは大阪駅近くの店で勤務している。

会長の中井からじかに「店の売り上げ、どんな状況？」と聞かれたアイカワが即座に「絶好調です」と返答した現場に、たまたま筆者は居合わせている。短いやりとりから、アイカワが店の中軸として働いている様子がうかがえた。

過去に犯した罪について尋ねると、アイカワは淡々と話した。

鹿児島県出身のアイカワは高校卒業後、アパレル関係の会社に就職したが、スロットパチンコに熱中したのがつまずきの始まりだった。一回のパチンコで五万円、六万円とすってしまう日が増えていった。消費者金融からの借金は見る見るうちにかさみ、合計で三百万円にもなった。

２０１５年、職場の同僚の財布を盗んで捕まった。初犯だったので、懲役十カ月、執行猶予三年の判決だった。ところが、その執行猶予中もパチンコ通いはやめられず、再び窃盗の罪を犯してしまった。今度は懲役二年の実刑判決だった。

「再犯の時は、投げやりな気持ちになっていて、捕まってもいいかなと思って、やってしまいました」

刑務所を出たのが２０１７年12月。過去を消すことはできないが、千房に採用されたことでアイカワは立ち直りの大きなきっかけをつかんだ。

■それでもいなくなる

千房だけでなく、職親プロジェクトの設立メンバーのすべての企業はプロジェクトによって雇用した社員が受刑者であったという過去について、本人に納得したもらったうえで、会社内ではすべてオープンにすることにしている。その方が本人の社会復帰を早め、職場内の融和にもつながるとの信念からだ。

千房では職親採用の新入社員は必ず本社で自ら挨拶し、中井以下の社員全員が拍手で迎えることになっている。また、千房グループの社内報に目を通してみると、五人以上もの元受刑者社員が会長とざっくばらんに語り合っている談論記事が、出席者全員のポーズ写真付きで二ページにわたって掲載されていた。

このあっけらかんとした社風が掛け値なしのものなのか、どうか。筆者は確かめたいと思って、カトウとアイカワの二人に率直な問いを投げかけた。

――少年院や刑務所にいた経歴によって、白い目で見られたり、いやな思いをしたことはなかったか

アイカワはよどみなく答えた。

「それはもう、全然ありません。入社前には不安もありましたが、いざ入ってみると、皆がごくふつうに接してくれました。いやな思いをしたことは一度もない。最初に契約社員として働いた店の同僚とは今でも連絡を取り合い、一緒に遊んだり、ご飯を食べたりしています」

カトウの答えもはっきりしていた。

「ないですね。千房の職場では、(特別視されたことは)ありません」

二人が言うように、千房では会長のリーダーシップもあって、元受刑者を温かく、しかし気を遣いすぎることなく受け入れているのは間違いないだろう。それでも、年かさのアイカワは、心の片隅にわずかな不安が残っているのか、遠慮がちにこうつぶやいた。

「もっとも、先輩や同僚の胸のうちにどんな考えがあるか、僕にはわかりません」

カトウの場合、職場で疎外されていることはないと断言する一方で、「やはり社員同士の人間関係は難しい」と付け加えた。どういうことなのか。

わかってもらえるかなという表情を筆者に向けながら、カトウは説明した。

「職場の同僚といっても、以前に配属された大きな店では店員が百人、今働いている店でも四十人ほどいます。その人たちは皆、これまでに生きてきた環境が僕とは違うし、遊んできた仲間も違うわけです。同世代の同僚なら、ふつう、高校時代の同級生と遊んだりするでしょう。でも、僕の場合、同世代の遊び相手はワルを含め、とっくに学校を出た人間しかいない。ですから、店の同僚と話をしても、話がなかなか噛み合わない……」

だから、そこで会話は途切れてしまうとカトウは話すのだった。少年時代に犯罪組織に引き込まれた人間の孤立感なのだろう。カトウには、例えば本音をぶつけ合える同世代の友達がいないようだった。

もう転落しないという強い意思で暮らしていると語ったカトウだった。ところが、インタビューして二カ月ほどたった7月中旬、筆者は千房本社から「カトウが退職しました」との連絡を受けた。突然、会社の寮からいなくなった。会長の中井への挨拶もなかった、という。しかし、仕事のうえで問題を起こしたわけではないし、犯罪とのかかわりもない。単なる転職ともいえる。カトウはベテラン社員の一人に「もっとお金を稼ぎたい」ともらしていた。

カトウは女性社員に宛て、次のようなメールを送ってきている。

「ホストクラブで働いています。一度、店に来てください」

セールスなのか。千房とのつながりを保とうとする意思表示なのだろうか……。

カトウの退職から二カ月後、前述のモリモト・カズオも千房をやめた。ガールフレンドと別れたことなどで精神状態が不安定になり、欠勤が増えていたという。それでも、直属の上司には「やめます」と連絡してきたそうだ。モリモトと面談し、懇切丁寧に生きるヒントを話した中井は残念な様子だった。

「もう少し時間がたって、落ち着いた状態になれば、私が言ったことがわかるようになると思います」

筆者が直接インタビューしたもう一人、アイカワ・ヒロシは千房での仕事を元気に続けている。職親プロジェクトで入社した後輩たちの面倒見もいいという。「うち（千房）の仕事や社風が彼に合っているようです」と中井は見ている。

それでも、元受刑者の職場定着は簡単ではない。職親プロジェクトの取材を続けるうち、筆者は、せっかく職親プロジェクトで仕事を得てもカトウやモリモトのように短期間でやめてしまう事例が少なくないことを知ることになる。

■やり直しができる社会へ

職親プロジェクトが犯罪被害者を減らすことを目的とするのはもちろんだが、一方で、罪を犯した者に目を向け、「つまずいてもやり直せる社会づくり」を活動目標に掲げている。その背景にあるのは、「一度罪を犯した者は、本当に気持ちを改め、罪を犯さぬよう社会復帰しようと望んでも、社会の厳しい目や反発などが原因で、叶わない」（日本財団・職親プロジェクトのホームページ）という現実社会についての認識だ。

罪を犯した受刑者は、加害者ではあるが、後には「社会的被害者」にもなり得る、との客観的な見方である。

千房会長の中井が語る経験談には、考えさせられることが多い。

職親プロジェクトがスタートする前のことだが、中井は刑務所で採用募集をし、応募した二人の女性受刑者を面接したことがあった。二人とも仕事ができそうで、採用したい人材だったが、中井は彼女らの罪状を知り、熟考のうえいずれも不採用と決断した。

罪状は寸借詐欺。男性が騙されたケースが大半だった。千房の各店には男性の社員が多い。なので中井は、万が一、事件が起きれば混乱が起きかねないと判断したのである。それでも、気になった中井は不採用とした二人に対し、「出所したら、千房を訪ねてらっしゃい」と声をかけた。

しばらくして、二人の女性のうち一人が千房本社を訪ねてきた。来なかった一人は中井宛てに手紙を書いてきた。この二人が中井に伝えたことで共通する部分を要約すると次のようになる。

「千房に採用された人がうらやましい。なぜなら千房では元受刑者の雇用を公表し、社内でもどの施設にいたかをオープンにしているから。私たちはいまだに履歴を偽っています。いつもオドオドしている。でも、千房さんで働く元受刑者は過去を隠す必要がなく、のびのびと仕事をしている。うらやましい」

加害者も巡りめぐって被害者になり得るとの視点には異論があるだろう。罪を犯した者を甘やかす必要はない、温情をかけすぎるから再び犯罪に走るのだ。それよりも、まず被害者こそ救済すべきではないのか……。

納得できる答えを求めて、職親プロジェクトに参加する企業と元受刑者たちの取材を進めた。

同志との出会い

■起源は「語り場」

日本財団が展開する「職親」プロジェクトは、刑務所や少年院を出た人の社会復帰を手助けし、「やり直しのできる社会」の実現を目指す。ちょっと大胆な言い方をすれば、かつての犯罪者を立ち直らせ、ふつうの納税者にするために「官」も「民」も一緒になって、みんなで支えていこうという運動である。日本財団が手掛ける社会貢献事業の中でも異色のプロジェクトといえるかもしれない。

職親プロジェクトはそもそも、どのようにして生まれたのか。ここで、その起源をたどってみたい。

2019年6月から日本財団の経営企画広報部長を務める福田英夫(1970年生まれ)は「確か、作家の曽野綾子さんが会長を務め、笹川陽平現会長が理事長だった時でした」と振り返る。2005年の前半のことだ。

福田によれば、ある日、笹川陽平が全職員に向かってこう言った。

「職員一人ひとりが社会の課題を探し出し、その課題の対応策・解決策を提案しなさい」

そのため、理事長と職員がじかに対話し、議論し合う機会を設けることになった。それは「語り場」と名付けられた。

職員を若手、中堅、そして管理職が混在した十チーム（一チーム六〜七人）ほどに分け、毎週火曜日の午前（八〜十時）と午後（三〜五時）の二回、「語り場」が開かれた。各チームが思い思いの社会課題をテーマアップし、笹川理事長を囲んで議論を重ね、一年ほどかけて対応策を発表することになっていた。チームのメンバーは固定されていたわけではなく、一年ごとに再編成された。いろんな社会課題が論議され、事業化されていった。

福田英夫

それは2010年の春だった。ある時、福田が加わっていた「語り場」チームのメンバーたちは、それまではあまり踏み込んだことがない分野の社会課題に気付いた。

《刑務所を出た元受刑者の再犯者率が上昇する一方になっている》

総務部や海洋船舶部、さらに広報部での勤務を経て、当時秘書室のチームリーダー（課長）をしていた福田は、日本財団に入って初めて、世間があまり関心を示さない、しかし、深刻な日本社会の課題に向き合うことになった。

「語り場」では活発な議論が交わされた。

「受刑者の中でも、とくに高齢者や障害者は刑期を終えて出所しても〝行き場〟、つまり仕事がないケースが多い」

「だから、再び罪を犯し、刑務所に舞い戻ってしまう」

再犯防止の解決策はないか。

刑務所や少年院を出所（院）した者に対しては、ふつう、専門的知識をもつ国家公務員である保護観察官（法務事務官、全国に約千人）と地域の民間ボランティアといえる保護司（約四万八千人）が協働し、社会の中で更生できるよう指導する建前になっている。しかし、高齢であったり、障害がある出所者の場合は自立した生活を送ることが難しい。きめ細かい支援が必要だ。

そのころ、法務省と厚生労働省は合同で、出所者を対象にした地域生活定着支援事業に取り組み始めていた。出所する高齢者と障害者に特別な手帳をもたせ、福祉施設に入れるようにする仕組みをつくろうとするプロジェクトで、そのための支援センターを国が全都道府県に一カ所ずつつくる計画だった。

そこで福田らのチームは、宇都宮駅前のビルの一室に開設されたばかりの「とちぎ地域生活定着支援センター」と、中軽度の知的障害者が野菜畑や果樹園での作業を行っている民間の福祉施設に注目した。センターを介して福祉施設に入った元受刑者についての実態調査に取りかかったのは２０１０年の冬だった。

調査に基づき、何度か開かれた有識者によるモデル事業の検討委員会では、極めて現実的な問題が提起された。

「元受刑者にはさまざまな問題行動が見られる」

「福祉施設の関係者は元受刑者について『怖い』という反応を示すことが少なくない」

福田はやがて、高齢であったり障害をもっていたりする元受刑者を単に福祉施設につなげるだけでは問題解決にならない、と思うようになった。

物事はとんとん拍子に運ばない。思わぬ事態は、いつも突然に発生する。

２０１１年3月11日。巨大津波が激甚被害をもたらした東日本大震災が起きた。日本財団は組織を挙げて被災者の救援に取り組んだ。「語り場」が一時休止状態になったのはやむを得ない。

それでも、福田は「再犯防止」のための取り組みを忘れたわけではなかった。元受刑者は、仮に高齢で、障害があるにしても、誰もが働く能力を欠いているわけではないと考えていた福田は、震災の被災地救援活動が一段落ついたころ、機会を見つけては、「元受刑者が実際に生きがいをもって働いている現場」の情報を集め、見て回った。

例えば、東京・江東区のプラスチックゴミの仕分け所。そこでは、障害をもつ元受刑者が汗を流していた。

あるいは、熊本県菊池市にある農業生産法人の花畑。ここには、一度は逃げ出したことがある二十代の男性元受刑者がいた。戻ってきても、最初はいい加減な作業をしていたが、保護司である社長の指導もあってか、自分が丹精込めることによって花が成長することが実感できるようになり、やる気が生まれた。福田は「カギは、生きがいにつながる仕事を与えることにある」とつくづく思った。

福田は栃木で始めたモデル事業の対象者を高齢・障害者の枠をはずして元受刑者全般に広げ、「農業での就労」をテーマにした「再犯防止」のプロジェクトに切り替えた。一歩前進ではあった。が、まだ先は見えていなかった。

■玄さんの提案

2012年の春、日本財団の「語り場」は完全復活した。再編成されたチームでの再スタートとなったが、福田は、まだ軌道に乗っていない「再犯防止」のプロジェクトを何とか推し進めたいと思った。

そのころの福田は広報部に移っていて、もう一つのプロジェクトの担当者としても駆け回っていた。新宿・歌舞伎町にある「日本駆け込み寺」をNPOから全国組織の公益社団法人にする支援活動である。

この歌舞伎町の駆け込み寺は大阪・西成区生まれの「玄さん」こと玄秀盛（1956年生まれ）が設立した。性別や宗教を問わず、DV（家庭内暴力）や多重債務、ヤクザ関係のいざこざなどありとあらゆるトラブルに巻き込まれて駆け込んでくる人々の相談に乗り、一緒に解決の糸口を探るシステムである。

ある日、福田は玄さんから相談を持ちかけられた。

「刑務所出所者だけで切り盛りする居酒屋をつくれないだろうか」

思いつきだが、再犯防止に役立つかもしれないと考えた福田は「語り場」に持ち込み、「出所者が働く居酒屋」のプランを提案した。これに居酒屋チェーンや飲料メーカーが協力してくれれば、大きな力になる。福田は大小いくつかの会社を回り、破天荒ではあるが、社会的に意義のあるプロジェクトだと説き続けた。

この時の企業各社の反応を福田は忘れないでいる。

応対した各社の担当者に福田がプロジェクトの趣旨を説明すると、誰もが一様に「いいプロジェクトですね」と言った。しかし、それでは協力するかというと、一人も首を縦に振らない。福田は食い下がって、協力できない理由を尋ねた。ようやく聞き出した本音の返答は、次のようなものだった。

「(出所者が働く店を積極的に応援する理由について)株主にうまく説明できません」

「前例のないことですから」

「店で何らかの事故があったら、どうしますか」

「お客さんが、怖いと思うかもしれません」

これらは、社会の底に沈殿している、出所者(元受刑者)に対する認識だった。厚い壁である。それを偏見だ、差別だと跳ね返すことは簡単ではない。その時の福田には、抗し難い現実だった。

社会の壁を打破する動きは、日本財団の福田の孤軍奮闘の挑戦のように思えた。ところが、まったく別のところでも、同じような挑戦が起きていたのである。

大阪を拠点にお好み焼きチェーンを全国展開している「千房」が、「刑務所からの出所者を受け入れている」との情報を福田が得たのは「語り場」が復活して間もないころだった。とにかく会ってみることだと福田は動く。

GWが明けた2012年5月の中ごろ、福田は大阪の千房本社に社長（当時、現会長）の中井政嗣を訪ねた。そして、単刀直入に「出所者が働く居酒屋」プランへの協力を持ちかけた。

中井政嗣

苦労人の経営者である中井から積極的な返事を引き出せると期待していた福田だったが、初対面の時の中井は、元受刑者の雇用がうまくいかなかったこともあった経験や社内的に反対意見も少なくなかったことなどから、慎重な反応しか示さなかった。福田の記憶では、中井はこう言った。

「日本の社会は、まだ、そんな店ができるところまでいってないのと違いますか。将来はできるかもしれませんが……」

二時間以上も粘って面談した福田だったが、虚しく東京に戻るしかなかった。

しかし、福田はあきらめなかった。中井はきっと動いてくれるとの予感があったのだろう。最初の面談の翌月も翌々月も千房本社を訪れ、「出所者の再犯防止のための解決策」について、さまざまな提案を示し続けた。

そんな熱意にほだされて、というより、じつは中井は中井で、出所者を雇用し彼らの更生を後押しすることについて、真剣に考えていたようである。

中井が現在の千房チェーンの原点となるお好み焼き店を大阪市内で開いたのは1967年だが、そのころや、お好み焼き「千房」の一号店を開いた1970年代前半に雇ったアルバイト従業員の中には、出所者だと後でわかった人が何人かいた。だからといって、出所者を雇用したことで店の営業に大きな支障が出たことはなかったと、中井本人が語っている。

「彼らには、ずいぶん助けてもらいました。その恩返しをしたい気持ちもありました」

再犯防止に向けた取り組みは単なる慈善事業ではない。「出所者が働く居酒屋」といった話題提供を狙った営業でもない。中井はただ、お好み焼きチェーン「千房」の枠内にとどまっていては社会を変えることはできないのではないかと思った。もっと企業仲間を増やす必要がある。

日本財団の福田らはプランを練り続けていた。一方で、さまざまな人脈をもつ中井は企業側の賛同者を募る呼びかけを続けたのである。

■賛否両論の幹部会議

人と人との出会いが社会貢献の事業を生み出していく。日本財団の福田の体当たり的な提案を、お好み焼きチェーン「千房」の中井が正面から受け止めたことで職親プロジェクトは動き出した。

プロジェクト誕生に至る日本財団側の動きはすでに述べた。この項では、千房側の動きをたどってみる。

取材を進めていくと、福田と中井という、単なる一対一の出会いによってプロジェクトが誕生したわけではないことがわかってきた。中井は、福田と出会うかなり前から、「再犯防止」のために企業経営者として何ができるかを模索していたようだ。そのあたりの経緯を本人に確かめた。

——出所者の更生を手助けしたいという気構えがもともとあったようですね

「それほど立派な考えはありませんでした。小さなお好み焼き店を始めたころはほんとに人手不足で、藁にもすがる思いで店員を募集していたのです。学歴はもちろんのこと、身元保証人なども一切問いませんでした。服役経験があるとは知らずに採用したこともありましたし、知人に頼まれて元暴走族を雇い、働き方を教えたこともありました」

千房が千日前の一号店から二号、三号店と増えていくと、人は集まるようになり、あえて出所者を雇う必要はなくなったのだが、今度は法務省の方から依頼があった。中井の記憶では2008年ごろのことだ。

「再犯防止のために、出所者を千房さんで積極的に雇ってほしい」

意図的に出所者を雇い入れたわけではなかったが、結果として出所者を立ち直らせた「千房の中井」の実績が法務省の担当者や、比較的刑の軽い受刑者が収容されている刑務所の刑務官らに知られるようになっていたらしい。

とはいっても、出所者とわかっていて雇用することでどんな問題が起きるのか、どんな準備が必要なのか。当時の中井が熟知していたわけではない。刑務所に収容されている受刑者の実態をつかんでいるわけでもなかった。中井はまず、山口県の美祢社会復帰促進センターを視察に訪れ、準備を重ねることにした。

美祢社会復帰促進センターは、公共設備の建設や維持管理、運営等に民間資金を導入するＰＦＩ（Private Finance Initiative）方式によって２００７年に設立された刑務所である。刑務所の収容者が増加し、刑務所を増設する必要に迫られた法務当局は、予算不足もあってＰＦＩ方式導入に踏み切ったのだった。社会復帰促進センターは山口県の美祢のほか、島根、兵庫、栃木の三県に各一カ所あり、比較的軽い罪の受刑者が収容されている。

美祢社会復帰促進センターを訪ねた中井が驚かされたのは、そこに収容されている受刑者たちは、出所しても半数近くが五年以内に刑務所に戻ってくるという現実だった。それから再犯者の半数以上が無職である。仕事がなく、収入がないから、再び罪を犯してしまう。しかも、刑務所に舞い戻って受刑者になれば、収容費がかさむ。「一人当たり年間二百五十万円から三百万円」とも中井は聞いた。税金によって賄われる社会コストはかさむ一方なのだ。

「彼らに職場を提供することがいかに重要かを知らされました」

立ち上がるべきだと思った中井は会社に戻った後、幹部を集めて会議に諮った。賛否両論が沸き起こったという。

とくに、千房の名前を公表したうえで出所者を雇用するとの取り組み方針には反対意見が少なくなかった。

社長の中井に直言する取締役や部長もいた。

「社長、うちは、評判のお好み焼きを売る飲食業。人気商売です。出所者を雇っていることを公表したら、お客さんが怖がって、店に来なくなるかもしれません。会社がつぶれますよ」

中井は幹部らの説得に、言葉を尽くした。

「確かに、来なくなるお客さんがいるかもしれない。しかし、応援しようと言ってくれるお客さんもいるかもしれない。損か、得かというと、プラス・マイナス・ゼロだが、これが善か悪かといえば、善に違いない」

説得はさらに続いた。

「われわれもたくさんの人に支えられてここまできた。受刑者の罪は過去のこと。彼らが刑務所で反省し、リセットして出てくるのならば、われわれもリセットして、迎えてあげようやないか。最終的な責任は、私、社長がとる」

■眠れなかった放送前夜

中井は決断した。法務省に依頼して美祢社会復帰促進センター内の談話室に千房の「従業員募集」ビラを一定期間貼ってもらった後、採用面接を行った。最初は十三人の応募があり、うち四人を面接した結果、二人を採用している。２００９年夏のことだ。

刑務所での社員募集と面接という、前代未聞の取り組みは、名の知れた飲食チェーンを一代で築き上げた経営者にとって、大きな賭けといえた。中井はしかし、全国紙四紙に取り組みを事前に知らせるなど、メディアに向けて思い切った働きかけをしている。

道頓堀商店会の会長を務めた中井には、道頓堀・中座の爆発炎上（２００２年）や若者による道頓堀川への飛び込み騒動などを通じて知り合いになった大阪の民放テレビ局（準キー局）の記者がいた。

「刑務所で従業員の採用面接をやります。取材しませんか」

中井の申し出に、記者は飛びついてきた。最初から密着取材が行われることになった。これについては、経営者の自己顕示欲だ、自社の宣伝だといった批判を浴びる可能性はあった。さらに前述のように、千房の名を明らかにした取り組みにはリスクが伴う。しかし、中井は「出所者を支援し、再犯防止を目指すからには取り組みをオープンにしたい」という方針にこだわった。

「おかげさまで、そのころには、千房の名は関西ではそれなりに知られるようになっていました。『あの千房が出所者を雇用している』ことが広く知れ渡り、何も問題がないということになれば、社会にインパクトが広がる。それが受刑者を励まし、再犯防止につながっていくと思ったのです」

堂々とオープンにすることにこそ意味がある、とする中井の信念は確固としていた。しかし、美祢社会復帰促進センターでの採用面接のもようがテレビの報道特集番組で放送される日の前夜、「さすがに眠ることができなかった」と中井は明かす。

「正直言って、番組を見るのは怖かったですね。もし、この放送で、お客さんに店に来てもらえなくなったらと思うと……。私自身はいいとしても、私が抱えている社員とその家族全員が路頭に迷うことになったら、申し訳ないと思いました」

放送後、視聴者からの電話が次々とテレビ局や千房本社にかかってきた。その中に、匿名で次のような電話があった。

「罪人を集めたような店には、恐ろしくて食べに行けないな」

だが、批判やいやがらせの電話はこれ一本だけ。それ以外はすべて、出所者の雇用をオープンにした千房の再犯防止の取り組み姿勢について「よく決断した」と激励する電話だった。中井は安心し、オープンにした取り組みに自信をもつようになった。日本という国について、「捨てたもんやない」と中井は思った。

■支援金制度

日本財団・語り場チームの活動として「再犯防止」の方法を探求し続けていた福田英夫らが、千房社長の中井政嗣と中井の呼びかけに応じた大阪の企業経営者らの独自の動きを知ったのは、前述のように、２０１２年のことだ。中井にたびたび面談し、議論を重ねた福田は内心、「手を組むなら、この人たちしかいない」と意気込んだという。しかし、プロジェクトの立ち上げまでには少し時間がかかった。

日本財団の公益事業部で職親プロジェクトを担当する廣瀬正典（1984年生まれ）はそのころ、福田と中井の議論のやりとりの場に何度か同席していた。廣瀬によれば、すでに美祢社会復帰促進センターで採用面接を行うなど出所者の雇用に踏み切っていた中井だが、広い分野で社会貢献事業を展開している公益財団法人の日本財団と、営利を追求する民間企業が、具体的にどのように役割を分担していくのかを慎重に検討していたようだ。また、法務省との協働をどのようにするのか。課題が少なくないと思ったのだろう。

だが、議論を重ねれば、連携して取り組むことができる課題や役割分担が浮かび上がってくるものだ。廣瀬は、「再犯防止」の志を一にする企業経営者と日本財団との協議を加速させ、職親プロジェクトの旗揚げにつなげたのは、一つの具体策だったと証言する。

ある時、出所者の採用にまつわる中井の経験談に耳を傾けていた廣瀬は、それまで考えが及ばなかった事実を知らされ、ハッとした。

「出所者を雇おうとすれば、社員にする前に、一人当たりざっと五十万円を用意しなければならない。給料とは別にです。しかも、雇用主個人の負担でね」

こういうことだ。

出所者には、とくに受刑態度が良好として刑期満了前に仮釈放となる場合、身元保証人が必要だ。だが、親兄弟は身元引受人となるのを拒むケースが少なくない。そこで、受刑者の刑期中に採用を決めて身元引受人となった雇用主は、更生保護法の規定によって、出所（仮釈放）の三カ月前には出所者の住居を決めて用意しておくことが求められる。つまり、実際には入居していない部屋の敷金・礼金や三カ月分の家賃を前もって支払わなければならないのだ。

これは雇用前のことだから、会社が経費として処理することは難しい。結局は雇用主のポケットマネーで賄われることになるという。

廣瀬正典

それだけでなく、日々の暮らしには最低限のふとんや家具、家電器具、衣服、靴などが必要だが、たいていの出所者の場合、持参金がない。だから、これらの身の回りの支度も雇用主が負担することが少なくない。

そんな実態を知った日本財団はすぐさま反応した、と廣瀬は話す。

「企業側が再犯防止プロジェクトに踏み切れな

い背景に経営者が自腹を切って多額の負担をする事情があるのなら、日本財団はそのハードルをはずしますと伝えました」

これは、日本財団会長・笹川陽平の直接の指示であるようだ。現実的な問題に目を向けた日本財団流の取り組み姿勢と決断の速さに、中井は納得した。

このようにして2013年2月、千房を中心とする七社が参加した「職親プロジェクト」がスタートしたのである。日本財団は約束通り、出所者を雇った企業に向け、雇用一人につき一カ月八万円を最長六カ月間助成する支援金制度を開始している。

■七人の社長

2012年12月、福田は現在の「職親プロジェクト」の骨組みとなる提案を携えて大阪に出向き、中井と、中井の「再犯防止」の志に賛同する六社の経営者の計七人が顔をそろえた会議でプレゼンテーションを行った。その概要は次のように要約できる。

▽いろんな業種の企業（事業所）が積極的に出所者を雇用し、仕事と住む場所、仲間づくりの機会を提供することで、更生と社会復帰を支援する。

▽そのため、企業側は刑務所や少年院に出向き、会社概要や仕事の内容を説明し、採用面接を行う必要がある。これには法務省や厚生労働省の協力が欠かせない。
▽採用の対象となるのは、刑務所出所者・少年院出院者で就労の意欲が高く、犯した事犯が初回であるなど犯罪傾向が進んでいない者……

企業側が刑務所・少年院で採用面接を行うには法務当局との間で調整が必要だ。また、関連するＮＰＯ団体との協働も考えられる。これらの調整は日本財団が行い、再犯防止の取り組みのハブ（中核）を担うことになった。

福田の説明に、中井ら七人の社長は納得し、職親プロジェクトへの参加を表明した。職親とは、「職（仕事）を与え、親代わりとなって支える」との意味を込めた日本財団のアイデアだが、活動の先鞭をつけたのは企業側のリーダーである千房社長の中井だ。「職親」の読み方は中井の希望を受け入れ、「しょくしん」とした、という。

２カ月後の２０１３年2月、職親プロジェクトの設立式が大阪市内のホテルで行われた。日本財団からは会長の笹川陽平も出席した。

発足当初の参加七社とその代表取締役の名を列記しておく。「職親」のオリジナル・セブンである。

▽お好み焼き・鉄板焼き「千房」＝中井政嗣
▽串かつだるま「一門会」＝上山勝也
▽信州そば・和食「信濃路」＝西平都紀子
▽建設業「カンサイ建装工業」＝草刈健太郎
▽焼肉「牛心」＝伊藤勝也
▽日本料理「プラス思考（現在・湯木）」＝湯木尚二
▽美容院「プログレッシブ」＝黒川洋司

各社の本社所在地は、「信濃路」（和歌山市）以外はすべて大阪市である。中井の人脈と求心力が影響しているようだ。

この日、七社の社長は日本財団との協定書（のちに約款となる）に調印している。それを読むと、まず参加企業（職親企業）の義務を記した条文に目がひきつけられる。

《対象者の身元引受人となる者を、当該企業等の代表者または役職員から選出すること》

そして、

《本プロジェクトに参加していることを、社内・社外に公表すること》

これは、元受刑者を受け入れ、その更生を助けることが再犯の防止に役立つとの信念を社会に対し表明することである。職親プロジェクトについて社会がどう評価するかがわからなかった時点で、参加企業の覚悟を問うものだった。

協定書はまた、職親企業に法務省所管の保護観察所（全国に五十カ所）に「協力雇用主」として登録することを求めている。これは、官民連携を掲げる職親プロジェクトとして、法務省が行っている既存の制度との並存を受け入れたようにも受け取れる。それは当然だろう。だが、筆者はここで、官と民の考え方の違いに、はっきり言えば、現状を打破しようとする民間流の発想に気付いた。

協力雇用主制度は、法務省が厚生労働省と協力し、刑務所や少年院を出た者の就労支援対策として２００６年から始めた。法務省によると、二万七百四社が登録している（２０１８年版犯罪白書）。ところが、関係者によれば、この協力雇用主の企業名や所在地などは一切公表されていない。しかも、その大半はお付き合い登録で、出所者を積極的に雇用する意思がある企業は九百社足らずにすぎない。

世間が出所者の雇用を否定的にとらえると思っている企業がいかに多いかを物語るデータである。その意味で、出所者の雇用を社内外に公表することを義務付けた職親プロジェクトの協定書は、旧弊を突き破る勇気と志を求めている。

■役所を動かす

２０１３年２月にスタートした職親プロジェクトは、官民協働をうたったユニークな事業である。プロジェクトを呼びかけた日本財団と、趣旨に賛同した企業など民間側はスタート当初から意欲的だった。

すでに紹介したように、最初は大阪地域の七社で発足したのだが、同じ２０１３年12月には東京地域で九社が参加を表明した。そして、２０１５年11月には福岡地域で十一社、２０１６年７月には和歌山地域で十四社、さらに２０１７年５月には新潟・上越地域の十一社が参加を表明するなど全国的な広がりを見せた。

（注＝２０２０年３月現在、職親企業は全国で計百六十七社。うち最多の大阪地域では五十九社にのぼっている）

とはいえ、職親プロジェクトは、一般社会人を対象にしているのではなく、罪を犯し、刑務所や少年院にいる受刑者を更生させ、出所後は仕事に生きがいを見出すようにして社会復帰を促す取り組みである。役所の協力なくして成果は期待できない。法務省はこのプロジェクトをどのようにとらえていたのか。

職親プロジェクトが発足間もないころ、国会でこんなやりとりがあった。

２０１３年3月15日の衆議院法務委員会。西根由佳議員（当時、日本維新の会）は、年間三万人弱の出所者のうち就労者は二千百人しかいないと数字を挙げながら、きめ細やかな対策をとるには「財源がない中、公的資金の投入には限界がある」と指摘した。そのうえで、日本財団が始めた民間資金を活用した就労支援の取り組みを「国が主導して推進するつもりがあるのか」と政府の姿勢をただした。

これに対し、法務省矯正局長、西田博（当時）は、国の主体的な関与については踏み込みすぎない〝模範答弁〟にとどめたものの、「出所者の社会復帰にとって非常に有意義で、再犯防止にも非常に役立つ」との見解を示し、次のように述べた。

「協力したいと思っておりますけれども、この職親プロジェクトはまだ始まったばかりでございまして、今後拡大、充実していくためには、まず成功事例を一つでも多くつくりたい。これは千房の社長もおっしゃっているんですけれども、この成功事例を一つでもつくりたいということがございますので、当局といたしましても前向きに協力してまいりたいというふうに考えております」

それでも矯正局の担当者によれば、職親プロジェクトの発足前の２０１２年7月に閣議決定された再犯防止に向けた総合対策で、出所者には居場所（住居）と出番（仕事）が重要だとする方策が打ち出されている。担当者は「再犯防止に前向きに取り組もうという機運が高まっていたと思います」と話す。

職親プロジェクトの発足から一年後の2014年2月、法務省は厚労省所管のハローワーク（公共職業安定所）と連携し、受刑者の雇用に関心をもつ事業主向けに相談窓口を設置した。これは「コレワーク（矯正就労支援情報センター）」と呼ばれ、事業主が受刑者に絞ってハローワークに求人票を出す際に必要となる情報（受刑者の希望職種など）を提供したり、採用手続きのための支援を行ったりする。雇用のマッチングを図り、受刑者の就労を後押しする狙いがある。コレワークの幹部は「職親プロジェクトの動きに刺激されてコレワークができた」と語った。

ただし、この受刑者専用の求人は非公開である。だから、企業名を公表して受刑者を雇用する職親プロジェクトの方針には、矯正局の担当者の多くが驚きを隠せなかった。

職親プロジェクト発足時の法相である谷垣禎一は熱心な姿勢を見せ、プロジェクトが始めた官民合同勉強会には率先して参加した。2014年7月に行われた一回目の勉強会には谷垣以下、法務、厚労両省と内閣府の担当官が出席し、日本財団からは会長の笹川陽平と担当のスタッフ、企業側からは東京、大阪、福岡の約二十社の幹部、さらに矯正教育や薬物依存症などの専門家が顔をそろえた。

議論の中心になったのは、出所者が仕事をすぐにやめてしまうケースが続出している問題だった。再犯防止のためには何とかして克服したい課題である。

官民合同勉強会は２０１５年３月まで計十回開かれた。意見を交換するうち、行うべき施策のポイントは次の三つに整理された。

①刑務所や少年院内で行う職業訓練のほか、これらの施設に近い職親企業への職場見学などを実施する。

②職場定着のために、受刑者の人間性を高め、コミュニケーション能力を磨いたり、金銭管理の意識を植えつける教育を行う。

③仮釈放の出所者を職場以外でもサポートする場をつくる。

日本財団は職親プロジェクトの事務局として勉強会で出た論点を法務大臣への要望書としてまとめ、２０１５年５月から２０１７年９月まで計四回にわたり提出している。

だが、要望を受けた施策は簡単には実現しなかった。

「それは、ちょっと前例がありません」

日本財団の担当者たちは法務官僚たちの常套句を耳にするたび、官民協働の難しさを感じたという。

こんなエピソードがある。２０１７年1月、日本財団会長の笹川陽平が要望書を携え、当時の金田勝年法相に面会した。随行した日本財団公益事業部の廣瀬によれば、要望書の内容は前の二回とほとんど変わらない。

笹川は、単刀直入にものを言うことが多い。要望書を渡し、はっきり用件を切り出した。

「これ、二年前から要望していることですが、ちっとも動きませんね」

金田は一瞬、表情を変え、陪席した法務省幹部に語気強く尋ねた。

「どうなっているんだね」

幹部は弁明を始めたが、金田は「説明はあとで聞く」と幹部の言葉を遮った。

この時から、法務省側の動きは格段に良くなったそうだ。職親プロジェクトの要望を受け、６月には「社会復帰につながるモデル刑務所づくり」などを盛り込んだ三カ年計画が策定され、９月には具体的に▽多摩少年院▽加古川刑務所▽佐賀少年刑務所――の三カ所とすることに決まった。

ところで、職親企業の負担を軽減するために日本財団がプロジェクト開始時から実施していた前述の支援金制度は2015年4月末で終了した。打ち切ったのではない。職親プロジェクトに刺激された法務省が、取り組みを引き継ぎ、同じ内容で「刑務所出所者等就労奨励金制度」を開始したからだ。

日本財団を中心軸に、「つまずいてもやり直せる社会」を目指す官（法務省など）と民（職親企業）の協働作業が続いている。

壮絶な取り組み

■なぜ、俺が……

オフィスビルやマンションの大規模修繕工事などを請け負うカンサイ建装工業（本店・大阪市淀川区、資本金一億円）の社長、草刈健太郎（1973年生まれ）は大阪の職親企業の中でも、前出の「千房」会長、中井政嗣と共にプロジェクトの草創期から積極的に活動してきた経営者の一人である。

草刈は職親プロジェクト主催の求人活動で刑務所や少年院に出向くことが多い。自らの人生経験を交えて語る草刈の講話や会社説明は、たいてい次のような前置きで始まる。

「僕も若いころはやんちゃ（不良少年）やった」

会社は祖父が創業し、自分は三代目の社長であること。大学を卒業して大手ゼネコンに二年間勤務した後二十五歳で入社し、2006年に父親から会社を引き継いだ時には十三億円もの負債を抱えていたこと。そのすべてを十年かけて返済したこと……。草刈のざっくばらんな大阪弁が受刑者たちの緊張をほぐす。アドバイスはピリッと辛口である。

職親の気構えを語るカンサイ建装工業の草刈健太郎社長（2020年2月、大阪市淀川区の同社本店）

「いやなことは自分で処理せんといかん。みんな、謝るのが苦手やろ。そやけど、間違ったことをしたと思ったら、謝ったらええ。命まではとられません」

あるいは、

「数字の計算がでけへんと、金もうけはでけへんよ。経営者は人を使わんとアカンから、コミュニケーション能力が必要や。国語と数学の勉強やね」（仙台市の東北少年院で）

職親プロジェクトによる雇用の対象となる数え切れないほどの刑務所や少年院の若者に対し、草刈は父のように、また時には兄のように語りかけてきた。その口調は、罪を犯した者の社会復帰を手助けするプロジェクトに本気で取り組んできた者の叫びのようにさえ思える。

職親プロジェクト事務局の集計では、草刈のカンサイ建装工業はプロジェクトが始まった2013年2月から2020年2月までに計十三人の受刑者らを雇用した（草刈によれば、このほかにグループ会社の雇用が三人あり、実質的には計十六人）。大阪を拠点とする企業の中では、お好み焼きの千房（二十二人）、「串かつだるま」の一門会（十六人）に次いで多い。

草刈が言うには、刑務所や少年院を出た若者は、採用しても「すぐに逃げて（やめて）

しまう」ケースが少なくない。それでも彼らを追いかけた草刈がカンサイ建装工業とは別の仕事を世話することもある。これは職親プロジェクトの枠外での活動といえる。聞けば聞くほど、徹底したかかわり方であった。

草刈が職親プロジェクトに参加したきっかけをたどるため、時計の針を少し戻す。

２０１２年の年の瀬だった。「千房」の中井から草刈に電話がかかってきた。

「草刈君、職親プロジェクトの立ち上げに協力してくれへんか」

大阪だけでなく全国に名の知れた千房の社長（現会長）が出所者の就労を支援する活動を行ってきたことを草刈は知っていた。中井はどうやらその活動を、企業の従来の慈善事業の枠を超えたものにしたいらしい。日本財団と協定を結ぶことによって、官民の協働で、ＮＰＯなども巻き込んだ「職親プロジェクト」にする。ついては、業界では知られる中堅企業のカンサイ建装工業も、「元犯罪者」を雇い入れ、更生させるプロジェクトに参加してほしい……。草刈の経営手腕と行動力を見込んだ中井の強い要請だった。

が、中井からの電話を受けた瞬間、草刈は心の中で叫んでいた。

（なんで俺が、犯罪者の支援なんかせなあかんねん！）

草刈には七つ年下の妹がいた。その妹が、アメリカ留学中に殺されてしまう。中井の電話を受ける七年前、２００５年の出来事であった。草刈は重大事件の被害者の遺族だったのだ。

それでも草刈は中井との電話のやりとりで、心の中の思いを一切表に出さなかった。それどころか、気持ちとは正反対の返事を即座にしてしまう。

「やらせてもらいます」

自分の父親世代にあたる中井には日ごろ何かにつけ世話になっている。草刈は、尊敬する先輩経営者の要請をむげに断るわけにはいかなかった。

中井はといえば、草刈に職親プロジェクトへの参加を呼びかけた時、事件についてはまったく知らなかった。後になって中井は事情を知り、「そんなことがあったんか。ごめんな」と草刈に謝っている。

ともあれ、草刈は職親プロジェクトに加わり、最初の参加企業経営者七人のメンバーの一人として積極的に活動するようになる。しかし、中井からの電話を受けた時に草刈が発した心の中の叫び声は、しばらくの間、反響したままだった。

（なんで、俺が……）

犯罪被害者の遺族である草刈が、犯罪の加害者だった元受刑者への支援を拒んだとしても、誰も責めることはできまい。しかし、草刈は職親プロジェクトを引き受けた。

この決断に至る草刈の葛藤をたどることは、職親プロジェクトの本質を理解するうえで欠かせないように思う。

■ロサンゼルスの事件

草刈は２０１９年10月、妹の事件の裁判を傍聴し続けた、被害者遺族としての体験と職親プロジェクトの取り組みを克明に書きとめた本を出版している。『お前の親になったる〜被害者と加害者のドキュメント』（小学館集英社プロダクション）である。

この項は草刈の備忘録的なドキュメント本である同著に負うところが大きい。草刈本人へのインタビューで事実関係を確認しながら、書き進めていく。

草刈一家を襲った事件の概要に、まずふれておきたい。

「僕や六歳上の姉と違って、妹はよく勉強する子で、アメリカで映画脚本家になるのが夢でした」と草刈は語る。

妹は外国語大学を卒業後、アメリカ西海岸の大学に留学し、ハリウッドで働きながら映画の勉強を続けた。俳優志願だったという青年と知り合い、やがて結婚する。しかし、勉強はおろそかにせず、大学で最初の二年間のカリキュラムを修了した後もさらに「経済学と心理学を学びたい」といい、仕事と両立させながら再度の進学を目指していた。

そんな幸せの中にいたはずの妹を惨劇が襲った。2005年12月3日の早朝、ロサンゼルス近郊ウエスト・ハリウッドのアパートで、どういう経緯があったのか、夫である青年が妹をナイフで刺殺したのだ。

青年は翌日、警察署に出頭し逮捕されたが、裁判で、事件当時は躁鬱病の薬を服用して朦朧状態にあったので「責任能力はない」と主張した。

草刈は思った。

「それは、私の妹を殺したことについて、一人の男が反省も、後悔も、謝罪の気持ちも、悲しみさえも抱いていないということを意味している。妹を殺したことをなかったことにし、自由の身になるつもりなのだ。絶対に許すことはできない」

家族が資産家だという被告側は、元妻を殺害した罪に問われた元プロフットボール選手のO・J・シンプソンや、少年への性的虐待の罪に問われたスーパースターのマイケル・ジャクソンを弁護して無罪を勝ち取った司法事務所に所属する弁護士を雇った（注＝シンプソンは事件に関連した民事裁判では、殺人を認定する判決を受けている）。裁判費用が膨大になることはわかっていたが、草刈一家は「大切なのは、金よりも正義」と闘う決心をした。父親も同じ考えだった。会社にはまだ負債が残っていた時期で、つぶれるかもしれないと草刈は思ったが、会社の幹部は「心配しないでください」と励ましてくれた。

カリフォルニア州の裁判所（ロサンゼルス郡上級裁ビバリーヒルズ支部）で本格的な審理が始まったのは、事件発生から三年以上が過ぎた２００９年3月である。草刈一家はことあるごとに召喚され、被告側の引き延ばし戦術もあって、日米間を三十回以上も往復した。草刈によれば、旅費だけで七千万円以上を費やしたという。

計三十四人が法廷の証言台に立つ裁判だった。審理の結果、判事はまず「計画性はないが、明確な殺意はあった」とし、第二級殺人を認定した。最終段階では精神科医の証言があった。

２００９年3月30日、陪審員は合議の結果、「責任能力あり」とする有罪評決を下した。これを受けて判事は同年5月28日、「禁錮十六年から終身禁錮」とする不定期刑を言い渡している。被告・弁護側は控訴したが、同年7月末、棄却された。

この裁判の結果は「妹が亡くなってからは、息をするのもつらかった」という草刈にとっては最低限の望みを満たしたものにすぎない。

妹を殺したあの男は刑務所で反省するようになるのだろうか。心から謝罪する時が来るのだろうか。「男のことを思い出すと、どうしようもない虚しさに襲われた」という。

しかし、このつらい裁判を通じて得た体験が、やがて草刈の目を職親プロジェクトへと向けさせることになる。

■妹の遺志を継いで

妹の事件の裁判が終わった後、草刈は全精力を仕事に注いだ。いや、裁判中も懸命に働いたと本人は言う。草刈はカンサイ建装工業と、その前身の会社で祖父が創業した日之出塗装両社の代表取締役である。祖父と父から引き継いだ二つの会社をつぶすわけにはいかなかったからだが、「仕事に没頭していないと、事件に頭と心が支配されてしまうようで怖かった」とも明かす。

草刈が気持ちを切り替えるきっかけになったのは、大阪青年会議所（大阪ＪＣ）での活動だった。ＪＣは二十～四十歳の若手企業経営者らが集まるボランティア団体で、人の意識を変え、世の中を良くしようとの社会貢献を目的に掲げている。

２０１０年7月、草刈は日本青年会議所（ＪＣ）近畿地区協議会が企画したカンボジアへのボランティア旅行に参加した。

「妹がボランティアに熱心だったことを思い出したからかもしれません」

日本のＪＣ一行は初日、アンコールワットに近いシェムリアップ空港に到着し、国際青年会議所（ＪＣＩ）の正式承認を要望していたカンボジアＪＣとの交流会に出席したりして、歓迎ムードに浸った。ところが、翌日、草刈は頭を殴られたような衝撃を受ける。

外国人観光客が多いシェムリアップから少し離れた村に行ってみると、掘っ立て小屋のような家が立ち並び、道路は舗装どころかデコボコである。草刈はそこで、生ゴミをあさって食べ物を探す子どもたちを見た。学校に行っていない子どもが少なくないという。

カンボジアでは１９７０年代から二十年余りも内戦が続いた。その経緯は非常に込み入っているが、１９７５年から約四年間にわたって圧政を敷いたポル・ポト政権が反対者とみなした知識人らを徹底的に弾圧したことは非人道、暴虐の歴史として人々の記憶に刻まれた。強制労働や虐殺で二百万人近くが死亡したといわれる。ポル・ポト派はその後も民主カンボジア連合（三派連合）政府を樹立するなど混乱の要因となり、内戦状態の実質的な終結は1990年代の後半だった。

ポル・ポト政権は、学校教育が資本主義を生み出す元凶だとし、教材を燃やし、教師を虐殺した。

《学があると、虐殺の対象になる》

そんなポル・ポト時代へのトラウマから、カンボジアの親たちには子どもに教育を受けさせることへの恐怖心が根強く残っていると草刈は考えた。

「気持ちはわかるが、もうポル・ポトはいない。過去に縛られていてはダメだ」

そう呼びかけようとして、草刈はハッとしたという。

過去に縛られているのは、俺の方ではないか。

カンボジアでの日程最後の夜、草刈たち日本のJCのメンバーはカンボジアJCのメンバーと協力して野外コンサートを開いた。草刈は現地の小学生たちが日本語で歌う『涙そうそう』に感激した。「ありがとう」の言葉が歌詞にある。森山良子が若くして亡くなった兄を想って書いた詞だそうだが、それを聞いているうち、それまでは殺された妹に「ごめんな」と言い続けることしかできなかった草刈は「これからは、後ろを向くのではなく、前向きに生きよう」と思った。一人でも多くの人が前を向いて生きるための手助けをしたいと思った。

それから八カ月後、「3・11」が発生した。2011年3月11日。東日本大震災である。発生から五日ほどたったころ、草刈は地震で天井が損壊した栃木県の工場で現場の作業を指揮していた。大学卒業後の二年間勤務したことがある大手ゼネコンから依頼を受けての仕事だった。

被災の中心地域である宮城、福島両県はすぐそばである。気になって仕方がなかった草刈は、ＪＣの建設部会での活動を通じて親しくなった仙台市の同業の友人に電話した。

「手伝いに来てほしい」

と友人は言った。自分の建設会社が津波で流される被害を受けたにもかかわらず、友人はボランティア活動に取り組み、最も被害が大きかった宮城県石巻市への救援物資の搬送に懸命になっていた。

栃木県の現場から仙台まで、ふつうなら二時間もかからないが、その時は七時間かかった。石巻市に行くと、水産加工会社が軒並み海に流され、街全体に悪臭が漂っていた。

「会社もなくなったし、ほかにすることがないからやってるんだ」

ボランティア活動に全力投球している友人の姿は草刈の心を揺さぶった。大阪に帰った草刈はその後、救援物資を積んだトラックに乗り、被災地との間を何度も往復した。

数カ月たつと、救援物資は十分になる。ほかにできることはないだろうか。どうしたら、みんなが前を向けるようになれるか。そんな思いを抱えて被災地の人々に語りかけた草刈は、こんな声を聞いた。

「被災者、とくに子どもたちを元気づけるイベントができないものか」

草刈は顔が広い。大阪に戻った時、たまたま食事をすることになったある人物に被災地での激励イベントについてアイデアを求めた。

その人物は、水谷修という。横浜市で現職の高校教諭だった時、深夜の繁華街をパトロールし、そこをさまよう少年少女と向き合ったことから「夜回り先生」と呼ばれたユニークな活動家だ。１９９０年代初め、水谷が「青少年の非行の原点は、シンナーが簡単に手に入ることだ」と指摘したことを草刈の父・保廣が塗装業者として重く受け止め、共に「有機酸系塗料の追放運動」に取り組んだことから家族ぐるみの付き合いが始まったという。

水谷は言った。

「大阪は食いだおれの街だ。人間、おいしいものを食べたら、一時でもいやなことを忘れて元気が出るんじゃないか。大阪の飲食業者を被災地に駆り出して、炊き出しをしたらどうだろう」

　そう勧めた水谷が紹介してくれたのが、お好み焼きチェーン「千房」の中井政嗣だった。それが草刈と中井の出会いである。中井が大阪の飲食業界に声をかけると、「串かつだるま」や、たこ焼き・明石焼きの「たこ家道頓堀くくる」など大阪の名物店が呼応し、「千房」を含めて計五店がイベントに参加することになった。

　水谷はまた、草刈にイベントの盛り上げにはこれ以上望めないアーティストを紹介してくれた。歌手のさだまさしである。

「３・11」から半年後の２０１１年９月23日、震災で最大の被害を受けた石巻市の日和山公園で、被災地激励のイベント「たちあがれ東北！　フェスタ in 石巻」が開催された。イベントの目玉の一つは「食」。「千房」などが繰り広げたくいだおれの〝炊き出し〟は被災地の人々を驚かせ、用意した五千食はたちまちなくなった。ステージのポケモンショーは子どもたちを喜ばせ、最後にさだまさしの透き通った歌声が被災地にしみわたった。

「食」のイベントにかかった経費や交通費などは、すべて参加各店・各社の自己負担である。日和山公園にある鹿島御児神社の禰宜、窪木好文が当時は石巻ＪＣの理事長を務めていて神社の境内をイベント会場として開放してくれた。ステージの設営費などは企業の協賛金で賄った。ボランティアになった草刈にとって、初めてやりがいを実感できたイベントだった。

草刈の呼びかけに応じて石巻に結集した大阪の企業の経営者らはその後、職親プロジェクトの同志として再び集まる。「3・11」からの復興を目指すボランティア精神が紡いだ絆といえるかもしれない。

■「全員採用」の方針

職親プロジェクトが立ち上げられた当初、参加企業の一つであるカンサイ建装工業の社長、草刈健太郎の心の中に葛藤があったのは事実だ。プロジェクトは意義のある社会貢献だと頭では理解できても、気持ちが釈然としなかった。妹がアメリカで殺されているのだ。耐え難い事件の被害者の遺族なのだから無理もない。

草刈は、しかし、職親プロジェクトの目的は単なる「加害者の支援」ではなく、「被害者を減らす方法」の実行なのだと考えるようになった。犯罪者を更生させて再犯を防止することは凶悪事件による悲劇を未然に防ぐことにつながる。それこそが、被害者の遺族である自分の使命ではないか。

そう思い定めた草刈は刑務所や少年院に自ら出向き、罪を犯してしまった若者を社会に引き戻すための活動に取り組むことになったのだった。

カンサイ建装工業は、業種でいえば建設・建築関係である。マンションの大規模修繕や外壁の塗装などを請け負う。これまでに関西空港や大阪ドームの工事なども手掛けている。草刈によれば、初心者といえる若者の場合、ペンキ塗装の仕事から始めてもらい、その後は本人の希望に応じて左官、下地補修や防水作業といった仕事をしてもらう。将来的には独立してもらうことを考え、何でもできる「多能工」を育てたいのだという。

では、刑務所や少年院で面接し、採用するか否かを決める時のポイントは何か。

「初めて少年院で面接したころは、この子は根性があるだろうか、現場の仕事に耐える体力があるだろうか、などと考えて選んでいたのですが、何回か面接をやっているうち、短時間話をしただけでは大したことはわからないなと思うようになって、結局、うちの会社を希望する子は全員採用することにしました。だいたい二週間で、その子が仕事を続けられるかどうかがわかるものです」

草刈が苦笑しながら説明したように、これは非常に手間のかかるやり方だろう。

「最初の一週間、毎朝アパートから自分で現場まで行く根性のある子もまれにはいましたが、ほとんどは自分一人では行けない。で、親方（職長）が迎えに行ったりします。少年院を出たばかりの子が、毎朝自分で起きて、仕事に行く、そういう社会復帰がいきなりできるかといえば、ほとんどは無理なんで……。まず、社会に参加をさせて、徐々に順応させていく必要があります」

職親プロジェクトで採用する若者には、父親か母親のどちらか、あるいは両親ともいないなど、親とのつながりが薄い環境で育ってきた若者が少なくない。

彼らについて、草刈はこう表現する。

「心が育っていない」

そもそも彼らは自分自身を信じていないから、「頑張れば何とかなる」「俺ならできる」という発想がない。これは、愛情を受けたり、達成感を覚えたりした経験が圧倒的に不足していることに原因がある、と草刈は言う。

彼らの心を育てるにはどうしたらいいいか。それには、人とのつながりが必要だ。褒められ、時には叱られる、あるいは信頼し、信頼される関係である。つまり、人間には人間の愛情が必要なのだ。草刈は刑務所や少年院で数え切れないほどの若者と面談して、ようやくそれがわかった。

職親プロジェクトにかかわって一年たったころ、草刈は思った。

「あいつらはすぐ飛んでしまう（いなくなる）。何をさておき、逃がさないこと。それが、一番や」

■無断欠勤と嘘

この項は草刈の本『お前の親になったる』をもとに書きすすめていく。

窃盗罪で捕まったヤマモト・カズキ＝仮名＝が大阪の少年院を出たのは十七歳の時だった。ヤマモトは、帰る場所のない出所（院）者の仮の住まいとして国が用意した大阪南部の寮を居住地とし、カンサイ建装工業のグループ会社である日之出塗装工業で働き始めた。草刈にとっては、職親プロジェクトで採用した第一号の従業員である。

草刈本によれば、ヤマモトが腰を据えて働くようになるまで、じつに二年余りを要している。無断欠勤やズル休み、嘘をついてまわりから金を借りる……。問題行動を繰り返すヤマモトに草刈は振り回された。

ヤマモトの性根を鍛え直そうと思った草刈はまず、社内でエースとされているA職長にヤマモトを預けている。A職長は仕事上の指導では厳しいが部下の面倒見がよく、人望があったからだ。

出だしは良かった。ところが、一カ月たったころ、A職長を激怒させるハプニングが起きる。現場から事務所に帰る途中の車の中で、助手席に座るヤマモトが運転中のA職長に向かって唐突に言った。

「女と約束があるので、待ち合わせの場所まで連れていってください」

仕事が終わるのは事務所に戻ってからではないか。実直なA職長は思わず怒鳴った。

「ふざけるな！　俺はお前の運転手と違うぞ！」

その翌日から、ヤマモトは現場に来なくなった。

A職長に非はない。だが、更生のためには、まずは逃がさずに管理下に置いておくことが第一だと考えた草刈はヤマモトを携帯電話で呼び出し、「未払いの給料だけでも取りに来い」とだけ言って、電話を切った。

数日してヤマモトが会社に姿を見せた。何ともみすぼらしい身なりである。今、何をしているのかと聞くと、友達に紹介してもらった解体業者で雇われているという。が、本当のことを語っているとは思えない。いろいろやりとりがあって、草刈が問い詰めると、ヤマモトは泣き出した。

「おれ、もう一度、ペンキ屋、やりたいです」

ヤマモトは再び日之出塗装工業で働くことになった。草刈は、今度は話し好きで、鷹揚な人柄のB職長にヤマモトを預けた。

ところが数カ月後、嘘ばかりつくヤマモトに周囲が閉口させられる事態になった。ヤマモトは毎週のように「お父さんが危篤だから、病院に見舞いに行く」と言い立てる。調べると、その病院は実在しなかった。

別の日には「風邪をひいた」「下痢だ」などと言って、会社を休む。嘘はズル休みのためだけではなかった。給料を使い切って遊ぶ金がなくなると、「財布を落とした」などと言って、こともあろうに会社の会長(草刈の父親)や社長の草刈本人にまで金を借りに来た。

甘やかしすぎではないかと筆者などは思う。しかし、草刈は、金がなくなってまた悪いことをしたら取り返しがつかないと思う気持ちが先立ち、ヤマモトにお金を渡してしまった。何より、「絶対に逃がさない」との強い思いからだった。

草刈はヤマモトを食事に誘い、彼の家族や生い立ちについて、改めて尋ねた。ヤマモトが言うには、父親は認知症、母親は鬱病だったらしい。近所の子どもにはいつもいじめられた。親から褒められたり叱られたりした記憶はほとんどなく、食事はたいていカップラーメンを自分でつくっていた。深夜の徘徊で警察に補導された時も、両親は迎えに来なかったという。「人のものを盗んではダメ」「嘘をついてはいけない」といった最低限の道徳教育を受けることもなく、ヤマモトは中学生の時から万引きや店舗荒らしを繰り返すようになったのだった。

もしヤマモトが十七歳で警察に捕まっていなかったとしたら、殺人など重罪を犯してしまう可能性は十分あったのではないか。話を聞いた草刈には、犯罪の加害者であるヤマモトがじつは社会的被害者ともいえるのではないか、とさえ思えるようになった。

草刈が食事をしながら身の上話を聞いた後も、ヤマモトはたびたび無断欠勤を続けた。仕事の環境を変えてみようと思った草刈は、今度は人柄のタイプが違うC職長にヤマモトを預けた。今度の現場は滋賀県であった。だが、そこでもヤマモトは騒ぎを引き起こした。嘘をついて職場からいなくなった揚げ句、警察に捕まった。ヤマモトの友達の車から大麻が発見され、その車に同乗していたヤマモトも連行されたのだ。

ヤマモトの処分を決める家庭裁判所の裁判官に、草刈はそれまでの出来事を洗いざらい話した後、懇願した。

「もう一度、チャンスを与えていただけませんか」

ヤマモトは試験観察で保釈された。刑務所には入れられず日常生活は送れるが、一度でも悪いことをすれば、即刑務所行きとなる。

その後もヤマモトの嘘や欠勤が減ることはなかったが、小さな転機があった。ヤマモトは日之出塗装工業の従業員だが、一緒に働く下請け会社の職長や職人と意気投合し、楽しんで働くようになった。草刈はその下請け会社に頼み込み、ヤマモトを預けることにした。ヤマモトは下請け会社に近いアパートに移り、新しい生活を始めた。そして、同じアパートに住む年上の女性に恋をし、付き合うようになる。彼女は毎朝、手づくりの弁当を渡してくれた。ヤマモトは無遅刻・無欠勤となり、仕事中に怒鳴られてもへこたれなくなった。今度はうまくいくように見えた。

ところが、数カ月後、ヤマモトは姿を消してしまう。後になってわかるが、この女性にふられたことが原因らしかった……。まったく、開いた口が塞がらない。忍耐にも限度がある。ふつうの事業主なら見捨てるだろう。

一年後、ヤマモトは新大阪駅に近いカンサイ建装工業の本店にフラッと姿を見せた。

「社長、俺、東京に行くことにしました。電車賃、貸してもらえませんか」

むろん、草刈はヤマモトを一喝した。だが、腹が立つと同時にホッとした気になった。東京行きを本気で考えているわけではない。金がなくなり、行くところもなくなったヤマモトが、犯罪への道を選ばず、職親の草刈を頼ってきたからである。

ペンキを塗るのは好きだが、ほかのこともしたいというヤマモトに、草刈はＪＣの活動で知り合いになったバー経営者のもとで働く選択肢を与えた。

「これから三カ月、バーで頑張れ。その後、夜の仕事を続けるか、ペンキ塗りに戻るかを考えろ」

言われた通り、ヤマモトは頑張った。親身になって面倒を見たバー経営者には感謝しなければならない。

一方、しばらくして、前述のペンキ塗装の下請け会社の職長らがヤマモトのことを聞きつけ、怒って草刈に抗議してきた。ヤマモトは何の断りもなくいなくなり、帰ってきたのに挨拶もないのはどういうことかという。怒りはもっともで、草刈は謝るしかない。だが、職長らの怒りの言葉の端々にヤマモトへの愛情が垣間見えたのが、草刈には救いだった。

草刈はヤマモトを呼び、職長らに謝罪させた。職長らは帰り際、ヤマモトに声をかけた。

「いつでも戻ってこい。待ってるから」

三カ月後、草刈はバー経営者と共にヤマモトを面談した。ヤマモトは言った。

「もう一度、ペンキ、やります」

ヤマモトは塗装職人として再び働くことになった。今度の出戻りはそれまでとはまったく意味が違っていた。逃げ出して行き場がなくなり、仕方なく戻ったのではない。さまざまな経験をしたヤマモトは、いろんな人の意見を聞き、自分自身で考えた結果、自分の意思で戻ってきた。

ヤマモトは嘘をつかなくなり、無断欠勤もなくなった。彼女ができたことが、プラスに作用している。仕事を通じて信頼され、必要とされることの喜びを知ったことが大きいと草刈は思っている。

■依存症との闘い

草刈の取り組みの事例を、もう一つ取り上げる。

これも、職親プロジェクトの成功事例といえるかどうかは、まだわからない。ただ、更生の途中にあって、もがきあえぐ若者と、一人の「職親」との壮絶な格闘の記録とだけはいえる。

２０１６年3月末。職親プロジェクトが始まって四年目の春、大阪の少年院を出た二十歳のタケダ・ジュンイチ＝仮名＝がカンサイ建装工業にやってきた。草刈は少年院で出迎え、職親プロジェクト用に用意した社員寮に連れていった。タケダの父親が拒んだため、草刈が身元引受人である。

社員寮といっても４ＬＤＫのマンションの一室で、同居人がいた。その一年前に刑務所を出てやってきたマツオ・タダアキ＝仮名＝である。マツオは二十代の後半で、タケダよりかなり年上だが、おとなしい印象の男だ。

もう一人、会社の会長である草刈の父親が寮長として同居している。

タケダにはパチンコ依存症の疑いがあり、過度の買い物癖もあった。マツオも同じパチンコ依存で窃盗を繰り返した犯罪歴があり、そこから立ち直ろうとしていた。マツオの存在がタケダの更生にプラスの影響を与えるのではないかと草刈は考えていた。

パチンコからタケダを切り離すことが立ち直りのカギを握る。草刈がマツオの時と同様、専門家である公益社団法人「ギャンブル依存症問題を考える会」（本部・東京）の代表、田中紀子に相談の電話をかけると、田中は自腹で交通費を負担し、すぐに大阪まで駆けつけてくれた。職親プロジェクトはこうした志に支えられている。

会社の応接室で、タケダは田中に不安を訴えた。

「今日は我慢できても、明日は（パチンコを）してしまうかもしれない」

「とりあえず、今日一日だけ我慢する。今日一日。それを続ければいいのよ」

タケダは田中の言葉をしっかり受け止めたそぶりを見せた。しかし、草刈は、タケダの言葉の一つひとつに、どこか心がこもっていない感じがしてならなかった。

二カ月後、タケダは草刈には何も言わず、勝手に会社をやめた。理由は「夜の仕事がしたいから」と言い、「友人に紹介してもらったキャバクラで働くことになった」と説明した。ただし、住む場所が見つかるまではカンサイ建装工業の社員寮に住ませてほしいという。虫のいい話だが、草刈は「行方がわからなくなるよりはましだ」とタケダの望みを受け入れた。

それからしばらくたって、事件が起きた。タケダが、社員寮で同居しているマツオの財布から、五万円を抜き取ったのだ。警察に届ければ、犯罪になってしまう。

この事件は、草刈がタケダを「五万円で、もう一度少年院に入りたいのか」と厳しく叱責し、マツオにきっちりと謝罪させ、五万円を返すことで収拾した。

草刈は心底、タケダに腹を立てた。しかし、更生のためのヒントがあるかもしれないと思い直し、タケダに話しかけて生い立ちを聞いた。そして知ったのは、タケダが子どものころに過ごした寒々とした家庭環境である。

タケダの父親は三度離婚し、四度結婚している。タケダは二度目の相手との間の子どもだ。継母は面倒を見てくれず、幼少期のタケダはテレビもなく、電気もつかない部屋で一人寂しく暮らした。

その後、この継母は失踪し、タケダは父親に育てられる。だが、父親が離婚と結婚を繰り返す曲折の結果、タケダは父親が引き取ることになった多数の弟たちと一緒に暮らすことになった。父親は家庭内で暴力をふるったらしい。

「とにかく怖かったです。恐怖の存在でした」

そう語った後、タケダがこう告白した。草刈は驚いた。

「それで、僕、一回、家を燃やそうとしたことがあるんです」

放火は未遂に終わったが、激怒した父親はタケダを家から追い出した……。

草刈の温情もあって、カンサイ建装工業の社員寮に住みながらキャバクラ勤めをしていたタケダだったが、しばらくするとその勤めもやめてしまう。だが、友達から借金をし続け、社員寮から出ていく気配もない。再び日之出塗装工業で働き出したのはいいが、遊びやギャンブルで金を使い果たした翌日は寝坊して遅刻・無断欠勤という荒れた生活の悪循環を繰り返していた。

ある会合の席で、草刈は長年世話になっているリゾート会社の会長から厳しい忠告を受けた。

「甘やかすだけやったら、更生なんかさせられないぞ」「誰彼なしに受け入れていたら、あんた、いつか殺されるで」

草刈は前出の「ギャンブル依存症問題を考える会」代表の田中紀子に相談し、タケダを説得して山梨県にあるギャンブル依存症回復施設「グレイス・ロード」に入れてもらうことにした。共通の悩みをもつ仲間と一緒に共同生活を送ることで依存症からの回復を目指す施設だ。利用料の月十六万円は草刈が負担することにした。

ところが、「グレイス・ロード」に入所する日、草刈を驚愕させることが起きる。大阪からタケダに付き添ってくれた田中によれば、タケダは家を出る前に隠し持っていた薬物を一度に飲み、新幹線の列車トイレで吐き続けたのだという。

翌朝、草刈はさらに驚かされた。「グレイス・ロード」で入所の説明を受けていたタケダが突然、「自分はギャンブル依存症ではなく、薬物依存症だ」と告白したというのだ。タケダは時折、ひそかに悪い遊びにふけっていたらしい。それが、脱法ハーブやシンナーなのか、単なるアルコールの無茶飲みなのかはわからないが、自堕落な生活の根はそこにあった。

タケダは「グレイス・ロード」からそのまま、すぐ近くの薬物・アルコール依存症からの回復施設「山梨ダルク」へ移された。

その二カ月後、「山梨ダルク」を訪問した草刈は、タケダの少しふっくらした表情をながめ、さらに施設の所長が「治療につながる選択でした」と言うのを聞いて救われた思いになったが、薬物依存にもっと早く気付いてやればよかったという悔いは残った。

半年後、「山梨ダルク」を抜け出したタケダは草刈のもとに戻ってきた。本人の希望通り、夜の仕事をさせたり、再び日之出塗装工業で働かせたりしたが、いずれも二〜三カ月でやめた。それでも草刈はタケダにチャンスを与え、叱咤し続けた。

「更生するか、死ぬかのどっちかしかないぞ」

活路は南の島にあった。「クスリのない世界に行きたい」と苦しむタケダを根本から立ち直らせるには、薬物から隔離された離島で働かせるに限る。草刈は前出のリゾート会社の会長に頼み込み、沖縄県・宮古島のマリンスポーツ会社の系列の飲食店で働かせてもらうことになった。２０１８年6月のことだ。

この会社で一緒に生活することになった従業員たちが犯罪歴のあるタケダに不安を抱いたのは事実だが、草刈は従業員全員に集まってもらい、タケダと一緒に「チャンスをください」と頭を下げた。

それから一年三カ月がたち、水上バイクの免許も取ったタケダは真っ黒に日焼けし、すっかり若者らしくなった。彼女もできた。タケダが働く飲食店の経営者夫婦らは温かく見守り続けてくれたという。

そして、タケダは大阪に戻り、カンサイ建装工業で再び働き始めた。結婚もした。

タケダの更生の成否は、まだ見えない。しかし、宮古島の生活をきっかけにタケダの中で起きた最も大きな変化は、「他人を信頼するようになったことだ」と草刈は観察している。それは、他人の助けによって立ち直ることができたというタケダの感謝の思いを指している。

■だるまの気迫

大阪の「職親」たちは皆、エネルギッシュな経営者であり、個性的な人たちばかりだった。

串かつチェーンの運営会社である一門会の代表取締役社長兼会長の上山《うえやま》勝也（1962年生まれ）は、かつてはボクシングの強豪校として知られる私立浪速高等学校（大阪市住吉区）のファイター選手として鳴らした。ボクシング部の一年先輩には、プロボクサー出身俳優の赤井英和がいる。

上山は、刑務所や少年院に出向いて採用面接を行う際、最初に相手をまっすぐに見据え、こう言う。

「今から面接するけど、この俺に、絶対に嘘はつくなよ」

ボクサーのひと睨みには威圧感がある。

が、何かの拍子に上山が表情を崩すと、相手を吸い寄せるような愛嬌ある笑顔になる。

大阪の新世界（浪速区）に総本店を構える「串かつだるま」は大阪市内を中心に十五店舗。上山が、今やくいだおれ名物の一つになった串かつチェーン店の経営者になった経緯には、「浪速のロッキー」こと赤井との縁にからんだ物語がある。

キャラクター人形と並んで立つ上山勝也・一門会会長（2019年5月、大阪市浪速区）

赤井が常連客となっていた新世界の小さな串かつ店の三代目店主が体を悪くし、店をたたむ決心をした。しかし、庶民に親しまれた名物店が消えてしまうのは惜しいと思った赤井は、後輩の上山を「お前が四代目になれ」と強引に説き伏せたというのだ。

その時、四十歳を過ぎたばかりの上山は石油小売会社の部長だった。安定したサラリーマンの仕事をなげうっての大きな賭けだった。

「赤井さんとの縁があったから、決断したとしか言いようがない」

その上山がのちに飲食業界のつながりからお好み焼きチェーン「千房」会長の中井政嗣に声をかけられ、東日本大震災の被災者たちを励ますイベントに参加し、そこでカンサイ建装工業社長の草刈健太郎を知った。

「それも、社会貢献活動がもたらしてくれた縁です」

と上山は言う。

前述の被災者たちを励ます石巻市のイベントを経験して間もなく、上山は刑務所からの出所者を雇用し、更生の手助けをしている中井の活動を追ったテレビのドキュメンタリー番組を見た。上山はすぐに中井に電話している。

「私も一緒に協力させてもらえませんか」

以上が、上山の「串かつだるま」が職親プロジェクトに参加するまでの経緯である。企業側のリーダー的な存在である中井や草刈と共に、プロジェクトの草創期以来のメンバーとして、存在感を示している。

それにしても、出所者を雇うことについて、上山には最初から抵抗感がなかったような印象を受けた。そうではないかと率直に聞くと、あっけらかんとした答えが返ってきた。

「私がボクシングをやっていたこともあって、うちの会社にはボクシング部上がりが多い。社風は体育会系です。昔はやんちゃだった者もいる。そやから、刑務所に入っていた人間でも、ちゃんと働くようにしてみせると思っているのです。少なくとも（出所者を）色眼鏡で見るようなことはありません」

刑務所での採用面接で、受刑者のことをどこまで把握できるか。

上山は、四十歳を過ぎたニシカワ・タイチ＝仮名＝の事例を語ってくれた。

ニシカワは最初、窃盗罪で捕まった。次のような事件である。

新聞販売店に勤めていたニシカワは職場の人間関係で悩んでいた。ある日、店でいやなことがあり、集金した金をもったまま家に帰った。それを知った販売店主は「集金の金を持ち逃げした」と訴えた。「金はもっていたが、職場に行くのがいやだから家に閉じこもっていただけだ」というニシカワの弁明は認められず、書類送検され、執行猶予一年の判決を受けた。このままなら、刑務所に行くことはなかっただろう。

ところが、この執行猶予中に新たな事件が起きる。以下はニシカワの供述である。

パチンコ店で遊んでいたニシカワは隣の席にいた男性客が置き忘れた財布に気付いた。その時直ちに店員に言えばよかったのだが、パチンコが大当たり中でもあり、後で警察に届けようと思い、店のコインロッカーに入れた。

そこに財布を忘れた男性客が戻ってきて尋ねられたので、コインロッカーにあると教えた。警察官の立ち会いのもとで財布の中身が調べられた。すると男性客は「財布の中の金がなくなっている」と訴えたのである。

ニシカワは「財布はそのままロッカーに入れた。僕は盗んでいない」と主張したが、執行猶予中の身であり、明らかに不利な立場にあった。結局、ニシカワは窃盗で逮捕され、実刑判決を受けている。

二つの事件とも、ニシカワの言い分は通らなかった。しかし、刑務所を出たニシカワは2015年2月、一門会に採用され、やがて正社員にもなった。

繰り返すが、採用面接をする時上山はまず、志願してきた受刑者を見据えて、こう言う。

あんたは更生したいから志願した。私も更生してもらいたいから、ここに来た。だから、嘘だけはやめよう。嘘ついても全部見抜くと。

「命をかけて雇おうと思っているわけやから、そのぐらいは言っておかんとね」

ニシカワを面接した時も、上山は目を見据えて「嘘はつくな」と言った。そして、前述のようなありのままの罪状を聞いた。

「あの男はけっして嘘はついていないと、僕は思いました」

職親プロジェクトの経営者たちは常に、真剣勝負の心構えでいる。

官民協働と課題

■仕事フォーラム

6月24日　多摩少年院
6月25日　東北少年院
8月8日　榛名女子学園
9月27日　和歌山刑務所
10月11日　佐賀少年刑務所
10月21日　東北少年院
10月28日　美祢社会復帰促進センター（男子）
10月29日　加古川学園、播磨学園
11月18日　美祢社会復帰促進センター（女子）
11月19日　麓刑務所
11月27日　三重刑務所

12月13日　喜連川社会復帰促進センター

これは日本財団が実施している職親プロジェクトの中心的な取り組みとして2015年に始まった「仕事フォーラム」の日程（2019年後半）である。

「仕事フォーラム」という、部外者にはわかりにくい呼称なので説明の必要があろう。要するに、プロジェクトに参加している企業の経営者らが全国の刑務所や少年院に出向き、受刑者ら（法務省矯正局の文書では、少年院の場合「在院者」と表記される）を前に人生経験を語り、会社の説明をし、そして実質的な採用面接を行うイベントなのである。

法務省のホームページによると、全国百八十八カ所の刑事施設（社会復帰促進センターを含む刑務所や少年刑務所、拘置所を含む）と五十二カ所の少年院のうち、職親プロジェクトが対象にしている刑務所・少年院は計三十カ所あるが、そのすべてで「仕事フォーラム」を開催するのは物理的に難しい。実際には年に十五カ所ほどでの開催となる。

ただし、モデル事業（詳細は後述する）を行っている多摩少年院（東京都八王子市）、加古川刑務所（兵庫県）、佐賀少年刑務所では毎年欠かさずに開催。美祢社会復帰促進センター（山口県）などPFI（民間資金導入）方式の施設は優先開催する方針をとっている。

（注＝「仕事フォーラム」を担当する日本財団職員の旅費はむろん日本財団の経費だが、講話を行う企業経営者の旅費は基本的には刑務所・少年院側が負担することになっている。しかし、企業側の採用面接が目的である場合は企業側の負担となることもある）

公益事業部の職親プロジェクト担当、廣瀬正典の説明では、2015年の「仕事フォーラム」開始当初、日本財団はプログラムの柱として①職親企業経営者の講話（働くことの大切さを伝える）②グループワーク（職親企業と受刑者が対話する）③企業情報の提供（受刑者に選択肢を与えるための企業説明会）——の三つを提案していた。しかし、2018年からははっきりと、受刑者らの就労に直接つながる「採用面接」をプログラムの中心に据えることにした。特定の企業に希望者が集中する傾向を修正するためでもあった。「仕事フォーラム」には企業側と受刑者側双方の要望に応える工夫が求められている。とくに企業側は採用する職種を増やすなど努力を続けているようだ。

廣瀬がまとめた「仕事フォーラム」の開催日程一覧表を見ると、2019年6月から2020年2月までに計十七カ所での開催という過密スケジュールとなっていた。参加企業は少ない時で四社、多い時には十二社。のべ百二十一社にのぼっている。それらの企業の業種は建設業や飲食業が多いが、ほかにも介護事業や障害者就労支援事業、リサイクル業、美容業、人材派遣業、さらにはダイレクトメール梱包・発送業などじつに多様である。

一覧表を示しながら、廣瀬は「採用面接中心のやり方が軌道に乗ったのではないかと思います」と話した。

「仕事フォーラム」の開催場所は通常の会議場やホールではない。コンクリートの外壁や窓に鉄格子がない社会復帰促進センターも含まれるものの、大半が一般の社会から隔絶された刑務所や少年院である。さまざまな制約のある矯正施設を管理する法務当局が職親プロジェクトに賛同し、積極的に協力してくれなければ、施設での「仕事フォーラム」の開催はおぼつかない。

法務省は職親プロジェクトに対し、当初は何かにつけ慎重な姿勢を示すことが多かったようだが、徐々に協力の度合いを増してきた。例えば、刑務所・少年院内での新たな職業訓練や再犯防止のための教育の充実を後押しする体制づくりである。また、すでに述べたように、日本財団が行っていた出所者を雇用した企業への支援金制度（雇用一人につき一カ月八万円を最長六カ月間助成）を２０１５年度からは「刑務所出所者等就労奨励金制度」として法務省が引き継いでいる。

とくに「仕事フォーラム」に関して言えば、法務省の役割は大きい。

年間スケジュールはまず、法務省が全国の刑務所・少年院と協議して大枠（原案）をまとめ、フォーラムの事務局となっている日本財団に提示する。次に日本財団はこの原案をすべての職親企業百六十七社（2020年3月現在）に伝え、参加希望日と行きたい施設を回答してもらう。その結果を受けて、日本財団は法務省と協議しながら何度か振り分けの調整を行い、開催場所となる刑務所・少年院ごとの参加企業を決定する。官民協働の準備作業なのである。

フォーラムの日程と参加企業の調整にあたって、日本財団は次のような基本方針を決めている。

▽刑務所・少年院側が希望する業種を最優先する
▽受刑者・在院者の選択肢を増やすため、さまざまな業種の企業に参加してもらう
▽複数回の参加を希望する企業は必ず一回以上参加できるようにする

——といった配慮である。これらを満たすには、法務省と現場の施設側の全面協力が欠かせない。

官民協働を根幹とする職親プロジェクト。その中核である「仕事フォーラム」は、罪を犯した者を収容している刑務所・少年院、出所者の更生・社会復帰を後押しする企業、そ

して仲介役の日本財団という三者の協働によって続いている。しかし、こうした三位一体の取り組みを知る人は少ない。

■丸刈りの若者たち

「仕事フォーラム」が開催された少年院を訪れ、職親企業の経営者らと在院者（つまり収容されている若者）双方のナマの声を同時に聞く機会があった。

２０１９年6月24日。場所は多摩少年院（東京都八王子市）である。正面玄関には「日本財団　職親プロジェクト」の大きなポスターが貼られた立て看板があった。参加した職親企業の業種は、建設業（三社）や飲食業、介護業など計六社。

午前中は九時半から十二時まで、六つの学寮（収容施設）の集会室を六社の代表取締役らが順次訪れ、集まった各二十数人の在院者を前に約二十分間、それぞれの会社の事業内容を説明していく、いわゆる「グループワーク」が行われた。

筆者の目に少し異様に映ったのは、若者たちが皆そろって丸刈り、全員が白いポロシャツに濃紺のズボン姿であったことだった。ちょうど高校野球のチームの選手たちが試合前のミーティングで監督の訓示を待つ雰囲気に似ている。

職親企業の役員が姿を見せると、班長らしい在院者が腹に響く大声を張り上げた。

「起立！　礼！　おはようございます！」

企業の役員が会社についての説明や講話を行っている間、在院者全員が両手を膝の上に置き、背筋は伸ばしたままだった。質疑応答が終わると、班長の掛け声に全員が唱和した。

「ありがとうございました！」

丸刈りの若者たちを前に職親企業の役員らは、それぞれの会社の業務内容や企業理念、そして求めている職種などを説明したのだが、特徴的だったのは、どの会社の役員も、過去に間違いを起こしたこれらの若者に対し、やり直しのきっかけとなるメッセージを送ろうとしていたことだ。筆者の取材メモから、印象に残った部分を書き出してみる。

建設業「降旗興業」（本社・長野市）の副社長、鳥海祐貴

「うちの会社には二十七人の従業員がいますが、十代の若者が多い。……皆さん、これまでに挫折したことがありますか。誰でも大体、挫折しますよね、一所懸命頑張っても……。つらい時、自分一人の力ではなかなか立ち直ることはできません。でも、助けてく

日本財団ビルで開かれた職親プロジェクトの東京連絡会議（2019年6月）

多摩少年院（東京都八王子市）で行われた「仕事フォーラム」で、事業主の話を聞く在院者たち（2019年6月）

れる人がいたら、できます。これから大切な人をつくってください。一人でもいい。人間は、誰かが助けてくれなかったら、生きてはいけないのです」

飲食業「信濃路」（本部・和歌山市）副社長、冷水《しみず》康浩

「国内に十九店舗。オーストラリアなど海外にも四店舗あります。食を通じて世界中に笑顔を――が企業理念です。外国人、初心者、高齢者が活躍できる分野だと考えています。でも、人手不足だから職親プロジェクトに参加したのではありません」

「これまでに仕事フォーラムで採用した社員が三人います。うち一人は今年の4月から役職に就きました。すでに結婚したり、かつて収容されていた少年院で講演をした者もいます。社会復帰に向けて、最初のお手伝いをしたいと思っています」

介護業「ナチュラルスタンス」（東京都小金井市）役員、馬渕将成

「少年院にいたことを自慢する人、かっこいいと思っている人がいます。けれども、それは自慢にはならないことです。すごく狭い世界の話なのです。自分の人生に責任をもつことが大事です」

ダイレクトメール梱包発送業「キューピットワタナベ」代表取締役社長、渡辺道代

「少年院にいる間にいろんな免許を取った方がいい。その点、多摩少年院は（小型建設機械やフォークリフトなどの運転資格を得るプログラムがあるので）いい。皆さん、いいところに入っているのよ。自信をもって！」

グループワークの最後に設けられた短い質疑応答の時間に、１９４８年生まれの渡辺にとっては孫世代といえる在院者の一人が質問した。

「ダイレクトメールの会社で働くのに、少年院を出たことがハンディにはなりませんか。前科があるわけですから」

渡辺は、すぐさま答えた。

「少年院にいたことは、前科にはなりませんよ。少年院は一種の学校ですから。プラス思考でいきましょう。もっと、自信をもって」

渡辺の会社は少年院での求人活動に関し、「うちの会社に長く勤めてもらう必要はなく、あくまで出所後に自分が本当にやりたいことが見つかるまでのつなぎにしてもらってい

い」と明言している。「良い就職先が見つかれば、〝卒業〟という形で送り出します」という。言うまでもないが、このグループワークは、少年院の職員（法務教官ら）の立ち会いのもとで行われる。しかし、少年院側は在院者の質問などに制限を加えるようなことはない。在院者と職親企業の間で直接、言葉のやりとりがある。罪を犯した若者たちを社会に戻していくために重要な官民協働の現場である。

■心の棘

その日の午後、多摩少年院では二時間半にわたって、「仕事フォーラム」のハイライトといえる相談会（採用面接）が行われた。

少年院の体育館が六つのブースに仕切られ、それぞれに六社の役員らが入る。各社を志望する在院者はあらかじめ選ばれ、待機していた。各ブースや面接の順番を待つ在院者の待機場所には保安上、多数の少年院職員が配置されており、体育館内を巡回する教官らもいた。少年院にとっては大掛かりなイベントだった。

参加企業各社の役員らの顔ぶれは午前中と同じだが、筆者は終始、建設業「ビ・ボーン」

（山梨県富士吉田市）の代表取締役、宮下竣吉（1958年生まれ）のブースの片隅で傍聴させてもらった。「富士山の麓でログハウスや別荘など木質建物の建築、内外装工事を請け負っている」という同社の仕事に関心をもった在院者に興味を覚えたからだ。

事前に配られたパンフレットによると、「ビ・ボーン」の創業は1990年。資本金は一千万円、売り上げは約五億五千万円。従業員は十五人ほど。面接を希望したのは木造建築に興味があるという六人だった。

午前中のグループワークでは企業側の発言がほとんどだったが、一対一形式の午後の相談会では丸刈りの若者たちが過去への悔いや将来への不安、そして希望などについて語るのをじかに聞くことができた。四人の在院者と宮下のやりとりの一部を再現してみる。

【在院者Ⅰ】

――何をして、捕まったのですか

「詐欺です。何も知らなくて、オレオレ詐欺グループに引き込まれていました」

――自己紹介をしてください

「あと数日で十九歳になります。父母は健在で、二十六歳の姉がいます。父は運送業ですが、自分の好きな道を行けと言ってくれています。……ログハウスづくりに興味があり、家に三台あるバイクの車庫もログハウスです。富士山が見えるところでログハウスをつくってみたい。だから、ログハウスの仕組みを知りたくて」

——わが社の仕事と縁があるようですね。将来、どんな自分になりたいのですか

「田舎育ちなので、林業に興味があるのです。高校は卒業していませんが、ペンキ塗りの仕事をした経験があり、昨年（２０１８年）の12月から今年2月にかけて、五日市（東京都あきるの市）の山で伐採作業を経験しました」

【在院者K】

——自己紹介を

「埼玉に住んでいましたが、親は行方不明です。二人の子どもを抱えている姉がいます。……高校は中退しました。塗装の仕事の経験があるので、一年間ほど四社ほどを転々としました。やめたのは、どれもブラック企業ばかりで、給料は一日六千円ぐらい。きつかったからです」

——何をして、捕まったのですか

「傷害、バイク窃盗、無免許運転、集団暴走行為で捕まりました。被害者に対する治療費や損害賠償など義務的な手続きはまだとっていません。人を傷つけるのは良くないことです。申し訳ないと思っています」

――これまでで一番うれしかったことは何ですか。また、一番いやだったことは

「いやだったことは、先輩に生意気だと言われ、リンチを受けたことです。親からも逃げ、悪い人間のところへ行ってしまいました。……この少年院に来て、本を読むのが好きになりました。東野圭吾とかが好きですね。（太宰治の）『人間失格』は読む気がしませんが」

【在院者O】

――自己紹介を

「十八歳になったばかりです。四人兄弟の長男で、父親はサラリーマンです。小学一年から中学三年まで、野球に夢中でした。中学三年の時、地方の大会でベスト16まで進んだことがあります。四番を打っていました。スケボーも得意でした。工業高校を中退しましたが、建築科で、講師だった元宮大工の方のもとで大工になるための勉強をしていました。製図を描いたことがあり、墨つぼの実習もやりました。木のベンチをつくったこともあります」

——どんな罪を……

「強盗傷人です。成人三人、少年二人のグループの一員でした。身近にいた強盗経験者にあこがれていたのです。小遣い稼ぎだと誘われ、出来心で犯行に加わってしまいました。相手から百万円を奪い、脳挫傷の重傷を負わせました。むごいことをしたと思っています。謝罪文を書きましたが、弁償は済んでいません」

——今の心境は

「不良グループとは縁を切りたい。今後、絶対に悪事をしない自信はあります」

——でも、昔の悪い友達が現れたら、どうする？

「先のことはわかりませんが、今の気持ちでは、やらない……」

【在院者U】

——君自身や家族のことを聞いていいですか

「両親は離婚しました。姉がいて、今年子どもが生まれました。父は自営業で、二回面接に来てくれました。とてもうれしかったです」

――高校には行っていましたか

「高校は自主退学です。退学後、塗装工を一年間やりましたが、給料がひどくてやめました。その後、飲食店に勤めたのですが、土曜・日曜も店に入ってくれといわれていやになった。五カ月でやめました。今考えると、恥ずかしいことです」

――少年院に入ることになったのは？

「仕事をしていなかった時期に先輩に誘われて、オレオレ詐欺グループに引き込まれたのです。いつかはきっと捕まるのに、そんな当然のことすら考えることができませんでした」

――今、不安に思うことはありますか

「詐欺グループの上層部の人間に自分の住所を教えてしまいました。もし、今後出会うようなことがあったら、きちんとした仕事があるからと、正面から断るつもりですが、怖い気持ちもあります。僕は人との対話がすごく下手なのです。そちらの会社に入っても、お客さんや同僚の方とのコミュニケーションがとれるかどうか」

――うちの社内には暗さがありません。劇団みたいな雰囲気があると思ってください

以上の採用面接を傍聴していて筆者がまず気付いたのは、少年院にいる若者たちの多く

が思春期に両親の離婚や別居などを経験していることだった。断片的にしか語っていないから詳しい事情はわからないが、温かい家族関係に飢えていることがうかがえる。

また、高校を中退して就職しても職場を転々とするケースが多いことも共通している。

さらに、かつて身を委ねていた不良（犯罪）グループの影に脅えている様子もうかがえた。

面接では、「物わかりのいい高校の先生」といった宮下の風貌からか、次のような質問が多かったのも印象的だった。

「仕事のやりがいとは、何ですか」

これは、求職する側の売り込みというより、人生の指針を求める問いかけである。

この相談会での面接を経て、宮下が採用する在院者を決め、当人も承諾して多摩少年院を出院し、実際に就職するまでにはなお数カ月がかかるという。

相談会を終えた宮下は少年院の廊下を歩きながら、つぶやくように言った。

「彼らは皆、まだ心のどこかに棘が刺さっているのですね。その棘がどこにあるのかを探し当て、どうやってうまく抜いてあげるか。それが私たち職親の仕事だと思っています」

■職親たちの悩み

職親プロジェクトの参加（登録）企業（計六十七社）は地域拠点ごとに連絡会議を設置している。参加企業数の多い順に列記すると、次の通りだ（２０２０年3月現在、カッコ内は設立年月）。

大阪　（２０１３年2月）　五十九社
福岡　（２０１５年11月）　二十八社
東京　（２０１３年12月）　二十一社
和歌山　（２０１６年7月）　十九社
新潟　（２０１７年5月）　十一社
北海道　（２０２０年2月）　二十九社

各連絡会議はそれぞれが定期的、または不定期に会合を開き、活動の進め方や課題について議論を交わす。大阪と福岡は二カ月に一回、東京と和歌山は三～四カ月に一回のペースで開催されている。

２０１９年6月14日、設立から十九回目の東京連絡会議が日本財団ビル（東京・港区）

で開かれた。プロジェクト参加企業にオブザーバー企業を加え計十四社の代表取締役ら役員・幹部のほか、法務省と全国の刑務所・少年院から計二十三人の専門官らが出席し、東京拠点の職親企業の現状報告や法務省との連携事業の進捗状況などが話し合われた。

議論の中心になったのは、各企業が採用した出所（院）者の職場定着率の低さだ。つまり、すぐにやめてしまう例が企業側の予想以上に多い現状である。

会議の進行役を務めた廣瀬正典（日本財団公益事業部）の説明によれば、東京連絡会議がプロジェクトを立ち上げた2013年12月から2019年4月末までに、東京地域の職親企業は計八十二人の採用を内定したが、そのうち就労が続いているのは二十四人で三分の一にも満たない。もっとも、内定を辞退した者が十二人、また内定はしているもののまだ出所前で就労できない者が七人いた。残りの三十九人は、一時就労はしたが、すでに退職した者である。つまり職親のプログラムによって採用した者の半数近くがやめてしまった。

職親企業での就労状況をさらに詳しく調べてみると、退職した三十九人のうち▽一年以上いた者はわずか五人▽六カ月以上一年未満が四人▽六カ月未満になると二十九人もいた（不明一人）。一方、やめないで頑張っている二十四人の就労継続期間は▽一年以上が十三

職親プロジェクト 東京地域企業の就労状況

（2019年4月末集計）

❶就労者数（予定含む）と内訳

就労者数	就労中	退職済み	出所前（就労予定）	内定辞退
82	24	39	7	12

❷就労者24名の継続期間

1年以上	6カ月以上1年未満	6カ月未満
13	8	3

❸退職済み39名の就労継続期間

1年以上	6カ月以上1年未満	6カ月未満	不明
5	4	29	1

❹6カ月以上定着率（退職済みの者を含む）

47.6%

❺平均継続期間（退職済みの者を含む）

8.7カ月（中央値 5.0カ月）

※集計時の雇用実施企業は12社

人▽六カ月以上一年未満が八人▽六カ月未満が三人である。

（注＝ちなみに大阪連絡会議の集計によれば、2020年2月12日までに百二十六人を採用。そのうち就労が続いているのは二十五人で、やめてしまった者は七十九人と六割以上を占めていた）

これらの数字をもとに職親プロジェクトの成果を単純に評価することはできないと考える。東京、大阪両地域で半数近くがやめてしまったデータをとらえれば失敗だと見ることもできる。しかし、大阪・千房の中井政嗣やカンサイ建装工業の草刈健太郎ら先駆的な職親企業経営者らが刑務所や少年院を出た若者と正面から向き合った「壮絶な取り組み」を取材した筆者としては、二〜三割がやめないで働いているデータは職親たちの「健闘」の結果ではないかと評価したい気持ちになる。

ともあれ、職親企業の経営者たちは、刑務所や少年院で面接を行って内定を決め、採用してもすぐにやめられてしまう事例を数多く経験している。職親仲間ではそれを「逃げられる」と表現するようになった。「飛んでしまう」という経営者もいる。

職親プロジェクトの第十九回東京連絡会議で新たに代表に選出された前述の建築業「ビ・ボーン」代表取締役、宮下竣吉は会議でこう明かした。

職親プロジェクト 大阪地域企業の就労状況

（2020年2月12日集計）

❶就労者数（予定含む）と内訳

就労者数	就労中	退職済み	出所前（就労予定）	内定辞退
126	25	79	18	4

❷就労者25名の継続期間

1年以上	6カ月以上1年未満	6カ月未満
17	2	6

❸退職済み79名の就労継続期間

1年以上	6カ月以上1年未満	6カ月未満	不明
17	19	40	3

❹6カ月以上定着率（退職済みの者を含む）

52.9%

❺平均継続期間（退職済みの者を含む）

12.2カ月（中央値 6カ月）

※集計時の雇用実施企業は20社

「これまでに元受刑者を四人採用しました。しかし、その中で今も会社に残っている人はいません」

宮下にはいくつかの悔いがある。一つは、仕事についての適正検査を採用後ではなく、採用前に何らかの方法で行っておくべきだったということだ。宮下はまた、職場定着率を高めるには、刑務所の中と外（実社会）、あるいは両方の中間にいる関係者との連携が必要ではないかとも問題提起した。

東京連絡会議の副代表に選出された自動車部品製造会社「藤巻製作所」（静岡県沼津市）の代表取締役、藤巻豊は東京連絡会議の設立以来のメンバーだが、会議で発言を求められると、「逃げられた経験が多くて……」と前置きして話し始めた。

満期で出所した男性の事例である。満期とは、刑期いっぱい服役したことを指す。刑務所内での態度が良くなかったため、刑期を短縮した仮釈放の措置がとられなかった受刑者である。

藤巻はその男性を会社のある沼津まで車で連れてきた。すると、男性は「こんな仕事はいやだ」と言い出した。そして、「沼津警察署の場所を教えてくれ」と言う。なぜだと聞いたら、「警察に一晩泊めてもらうから」と答えた。藤巻は苦笑するしかない。

「なんてことはない。沼津までタクシー代わりに利用されたようなものでした」

藤巻には、同時に採用した女性出所者二人を同じ部屋に住ませたのが失敗の原因になった苦い経験もあった。狭い部屋である。年齢差で上下関係が生まれ、いじめに遭った若い子の方が逃げてしまった。

「刑務所での面接では、誰もが『頑張ります』と言います。でも出所すると、すぐにやめるのです。われわれ（職親）は、ネギを背負ったカモぐらいに思われているのかなとさえ思ったこともありました」

■個人情報の厚い壁

逃げられてしまうのは、受刑者のことをよく知らないで雇うことになるからだ。短時間の採用面接では、性格や癖までつかむことは難しいし、家族関係を聞き出すことも容易ではない。まして、心の問題はわからない。刑務所や少年院に教えてくれと頼んでも、個人情報だから開示できない、本人に聞いてくれと言われる。

職親企業の間では「職場に定着してもらうためには（元受刑者についての）情報がもう

少し欲しい」との意見は少なくない。しかし、法務省は基本的には個人情報は開示できないとの立場をとっている。確かに、人権を重視する観点に立てば、安易に個人情報のすべてを開示することはできないだろう。

２０２０年2月半ばに大阪市内のホテルで開かれた職親プロジェクトの大阪連絡会議でも、刑務所や少年院の収容者を雇用する場合の個人情報開示の必要性が議論された。会議の主要メンバーであるカンサイ建装工業の社長、草刈健太郎（前述）が提起したのは、同社が抱えることになった切実な問題だった。

草刈によると、カンサイ建装工業は２０１９年10月、少年院を出た十七歳の少年を採用した。少年本人が同社を志願し、五カ月前に少年院で面接、という職親プロジェクトの手順を踏んでの就労だった。

社員寮はあるのだが、会社は職場に近い場所にマンションの一室を借りて待っていた。「一人暮らしでないと、精神的につらい」という少年の要望を受け入れた配慮だったが、要望の背後にある少年の性格の傾きや問題行動までを会社や身元保証人である草刈は感知できなかった。

少年は翌日から働き始めたが、直後に悪い仲間を呼び集めて〝出院パーティー〟を開き、

大阪市内のホテルで開かれた職親プロジェクトの大阪連絡会議（2020年2月）

そこで、仲間の一人をいじめている男をやっつけようという話が持ち上がった。少年は即座に行動を起こし、その男を金属バットで殴って足を骨折させる大ケガを負わせた。被害届が出されなかったので、この時は警察沙汰にはならなかったが、凶暴極まりない事案である。しかし、草刈の叱責と詰問に少年は「怒りを我慢することができない」などと答えるだけだった。

少年院や保護司と連絡をとった草刈は、この時になって初めて、少年がＡＤＨＤ（多動性症候群）という精神障害を抱えていることを知った。間欠的にパニック状態になったり、爆発的行動に移ったりするという。

それでも草刈は少年を更生させようと努力を続けた。しかし、少年は仕事に出てきても、職場でもめ事を引き起こす、翌日には休む、といった悪循環を繰り返す。少年が何をするかわからないから、同僚たちは「怖い」と訴えた。ただ、不思議なことに少年は、草刈が「これ以上休んだら、マンションの部屋を解約するぞ（クビだ）」と厳しい通告のメールを送ると、そのつど「もう一度、やらせてください」と謝罪の返信を送ってくる。凶暴性と甘えが同居しているのである。

そうこうするうち、少年が集団窃盗事件の容疑者として尼崎（兵庫県）の警察署に留置されていることがわかった。我慢に我慢を重ね、職場も説得して、少年が仕事に戻ってくるのを待っていた草刈も、もう限界だと思った。この少年の場合、専門の医療機関の診察を受け、もう一度施設に戻った方がいい、と考えるようになった。

「ビルの修繕工事の現場には鉄パイプや鋼材が転がっていますから、手にして暴れるようなことがあれば、非常に危険です。もう面倒は見切れない。惨事になれば、（職親プロジェクトを担っている）肝心の会社がつぶれてしまいます」

いずれにせよ、カンサイ建装工業としては、２０１３年に職親プロジェクトに参加して以来、初めて再犯者を出してしまった。草刈にとって、これ以上の痛恨事はない。

それにしても、草刈が残念に思うのは、少年が抱える精神的な障害について、少年院などが把握している具体的な情報を事前に与えていてくれたら、もう少し対応の仕方があったかもしれないということである。草刈が刑務所や少年院の収容者についての情報開示について、法務省や矯正施設側に柔軟な運用を求めるのはこのためだ。

「情報開示は一切なされないままだと、職親企業側のリスクが大きすぎる。出所（院）者のためにもならない」

この重要な課題について、日本財団と職親企業は法務省（保護局）に呼びかけて、情報開示に関する議論を煮詰めている。

職親プロジェクトは2019年10月から、採用面接と採用内定後の面接に臨床心理士などの専門家に同席してもらい、パニック障害や依存症など収容者の中にある心の問題の有無を把握し、助言してもらう「職場定着プログラム」に取り組み始めたところだ。

■「良心塾」という試み

繰り返すが、職親プロジェクトに参加する企業経営者にとって最大の悩みは、刑務所・少年院で面接し、採用した若者たちの多くが、すぐにやめてしまうことだ。

どうしたら、彼らを職場に引きつけておくことができるか。その答えにつながりそうな取り組みを続けている人物に会った。

株式会社「良心塾」(大阪市福島区)の代表取締役社長、黒川洋司(1971年生まれ)。名刺には「一人一人の命が輝いて生きて行ける社会の実現を!」といったスローガンが印刷されていた。良心塾は「社会復帰するための学び場」なのだという。黒川はこのほか、三つの美容室「プログレッシブ」の経営者でもある。

黒川に会ったのは2019年6月25日、東北少年院（仙台市）で開催された職親プロジェクトの「仕事フォーラム」の取材を通してである。その前日、筆者は多摩少年院（東京都八王子市）を訪れており、二日続きの「仕事フォーラム」の取材だった。

多摩少年院と同様、東北少年院でも体育館を会場にしたグループワークが行われた。講師として参加した職親企業は黒川の「良心塾」を含めて四社の代表取締役ら。その中には前述のカンサイ建装工業社長、草刈健太郎もいた。

十人ずつ四つのグループに分かれた在院者のブースを四社が順次回っていく方式で、一対一の採用面接方式ではなかった。一ブース当たりの所要時間は三十分。

黒川は少年院の若者たちを前に、自分自身の生い立ちと良心塾の目的、現状などについて熱っぽく語った。筆者が聞き取れた部分をそのまま、話し言葉で綴ってみる。

＊　＊　＊

僕は十七年前、お金儲けをしようと美容室を始めました。しかし、良心塾は目的が違います。良心塾は社会問題を解決するために設立しました。再犯者を減らすことが目的なのです。

今、再犯者率は48%以上です。これを何とかしようと、２０１３年、大阪の七つの会社が職親プロジェクトを立ち上げました。中井さんのお好み焼きチェーン「千房」など大きい会社ばかりで、その中で僕は小さな美容室の経営者でしたが、何かできるのではないかと思いました。

若いころ、僕はやんちゃを繰り返していました。傷害、窃盗、暴走……。反社会的組織にも三年いて、覚せい剤にも手を伸ばしました。警察署の留置場にも再三お世話になっています。

ようやく堅気になったものの、自己中心的な人間性はなかなか変わりません。車を運転していて後ろからクラクションを鳴らされると、カッとなったりしました。

二十八歳の時に長男が生まれましたが、人間性は変わりません。人に使われるのがいやで美容室を始め、たまたまお金は儲かりました。

契機になったのは、母の死です。母子家庭に育った僕は、母には一度も「ありがとう」と言ったことはなく、ずいぶんひどいことを言ったものです。小学四年のころ、母に向かって「お前が勝手に俺を生んだんやないか」という言葉を投げつけたこともありました。

そんな母が急死したのは、僕が三十五歳の時でした。母にはつらくあたっただけだった自分が情けなく思え、残りの人生はまともに生きたいと強く思ったのです。まず、自分が変わりたいと思いました。そのために、どうしたらいいか。自分の「環境」を変えることではないかと考えました。

京セラ創業者である稲盛和夫さんの経営塾に入ったのもそのためです。塾の理念は「全従業員の幸せ」や「社会への貢献」だという。これだ、と思いました。儲けるだけでなく、社会のために何かをすることで、自分の人生を変えたいと思ったのです。「千房」の中井(政嗣)会長に声をかけられて職親プロジェクトに参加した時、「これは僕の仕事だ」と確信しました。

それで、若いころに罪を犯してつまずいた若者を対象に、成長のための学び場をつくれないかと考えました。理念は▽彼らの「環境」を変える▽人間としての生き方を学んでもらう▽仕事を与える——の三つです。「良心塾」と名づけました。

「環境」を変えるというのは、例えば、少年院から元の居住地に帰ってくると、近所の人に白い目で見られたりすることが多く、嫌気がさして悪の道に戻ってしまうケースが多い。その点、よその土地に住めば、立派に社会復帰する可能性が高い。そんな発想です。

「良心塾」は日本財団から千五百万円の支援をいただき、2015年に設立されました。三階建ての雑居ビルにあります。今、四人の若者が入居し、暮らしています。うち一人は間もなく独り立ちして出ていきます。

自立支援のための施設で、精神的、経済的、社会的な自立をモットーにしていますから、皆仕事をしています。毎月の給料のうち八万円を貯金すると決め、私が預かっています。半年で一人当たり四十八万円の貯金ができます。職業訓練の場としては私が経営する美容室はもちろん、ほかに二十社ほどの企業と提携しているので、仕事はあります。応援者がいっぱいいます。

人間は、いきなり犯罪者にはなりません。必ず予兆があります。生活習慣の乱れなどです。乱れる、約束を守らなくなる、犯罪仲間に戻っていく……。それを「良心塾」によって直すのです。

その人が「変わりたい」という意思をもっていることを確認し、入居してもらうことにしています。誰でも、半年ぐらいはがんばるから、その間にいろんな経営者にも会ってもらうことにしています。

少年院にいた時から、「死にたい」と言っていた女の子がいました。母子家庭で、母親は美容師です。彼女を塾で受け入れて二カ月、見る見る変わりました。もう「死にたい」とは言わなくなりました。この子は美意識が高いので、美容師よりもネイリストの方が向いているかな、と僕は思っています。服飾にお金を使いすぎるところがありますが、仕事を休んだことはありません。月八万円の貯金は、しっかり僕が預かっています。

一人では寂しいな、と思っている人は、ぜひ「良心塾」に来てください。

＊　＊　＊

黒川の「良心塾」を東北少年院の若い在院者たちはどう受け止めたか。質疑応答の一部を紹介しておく。

在院者「少年院にいた人間を雇ってみて、良かったと思うことはありますか」

黒川「その子が変わってくれると、きれいごとではなくて、本当にうれしい」

在院者「どんな子が良心塾でうまくやっていけるのですか」

黒川「成功している子は、人間的に成長した子が多いですね」

在院者「僕は、すぐに感情的になってしまうのですが、対処法を教えてください」

黒川「僕もそうやった。夢中で仕事に打ち込むことが、（感情を抑える）一つの方法と違うかな。仕事がなかったら、気持ちを鎮めるのに、もしかしたら覚せい剤に手を出すかもしれない。カッとなったり、怒ったりするヒマがないぐらい、仕事で忙しい方がいい」

■モデル刑務所

当たり前のことだが、刑務所の中にいる受刑者は刑期満了か、仮釈放の決定がなされない限り、刑務所の外には出られない。同じ矯正施設である少年院も同様である。

ところが、２０１８年3月15日、極めて例外的に、多摩少年院（東京都八王子市）に在院している若者のうち、出院が間近い一人が選ばれ、まる一日の外出が許可された。日本財団の職親プロジェクトが法務省と少年院側に働きかけて実現したインターンシップ（職場体験）である。経費は少年院側の負担である。１９２３（大正12）年に日本初の少年院として設立された多摩少年院では、こうした新しい取り組みを実施することが多い。

もちろん外出といっても、どこでも自由に行けるわけではない。付き添いの教官二人と共に多摩少年院の公用車に乗せられたこの若者が向かった先は、ＪＲ八王子駅の駅ビル九階にあるお好み焼き「千房セレオ八王子支店」である。この時のインターンシップでは、少年院在院者が一日店内にいて、サラダの調理やお好み焼きの仕込み、野菜のカット、清掃業務など新米の店員が経験する仕事の流れを実体験するプログラムになっていた。

「千房」（本社・大阪市）が職親企業の草分け的な存在であることは何度もふれた。何人もの出所（院）者を雇い入れてきた経験をもつ会社である。しかし、インターンシップの実施にあたって調整役を務めた多摩少年院の統括専門官は、事前に千房側と次のように申し合わせていたと明かしている。

「院外で行われたものでも矯正教育の一環だから、その枠組みの中で起きたことについては国側が責任をもつ。何か（問題が）起きた場合は（千房側と）相談して措置を決める」

職親プロジェクトを担当する日本財団公益事業部の廣瀬正典はこのインターンシップに同行している。

廣瀬によれば、選ばれたのは振り込め詐欺の「受け子」をして捕まった在院者で、おとなしい若者だった。千房の店に着いた時は、緊張と不安で体がこわばっているように見えた。何でも質問しなさいと言われても、しばらくは何も聞けないでいた。少年院にいる若者には、このように普通のコミュニケーションができない者が少なくないという。

しかし、千房の支店長が付きっ切りで話しかけ、丁寧に教えてくれたこともあって、若者は徐々に打ち解け始め、最後にはお好み焼きをつくってみせるまでになった。インターンシップの前には「どこでもいいから、働きたい」と言っていたのが、職場体験が終わった時には「ぜひ、ここ（千房）で働きたい」とはっきりとした希望に変わった。インターンシップについての作文にこう書いている。

「夢は千房の店長になること」

この若者は多摩少年院を出る一カ月前に院内で大学入学試験を受け、合格した。そして千房で一年以上アルバイト勤務をしながら大学に通ったそうだ。

インターンシップは、日本財団が法務大臣に提出した要望書に基づき、職親プロジェクトがまとめた三カ年計画（２０１７〜19年度）の第一段階（収監・収容から出所・出院まで）の目玉事業《モデル刑務所づくり》に盛り込まれていた。

職親プロジェクトは法務省に働きかけ、関東地区の多摩少年院、関西地区の加古川刑務所、九州地区の佐賀少年刑務所の三カ所を《モデル刑務所》と位置付けることにした。

職親企業の実際の仕事現場を訪ねるインターンシップには、採用面接で想像していた職場のイメージと現実との落差を縮小する狙いがある。多摩少年院では２０１８年、前述の千房セレオ八王子支店（3月）のほか、重機を駆使する和歌山県の建設業「南海砂利株式会社」（8月、一泊二日）、さらに別荘・ログハウスの建築を請け負う山梨県の建築会社「ビ・ボーン」（11月）の仕事現場に在院者を連れていき、実地訓練も行った。

外出しての職場訓練だけではない。加古川刑務所は2018年3月と9〜10月の二回にわたり、建設業関係の職親企業の幹部や担当者を刑務所内に招き、実地作業に近い職業訓練を行った。とくに二回目の訓練（建設関係に関心のある受刑者十四人が参加）は十二日間にわたる大掛かりなものだった。講義は座学八時間、実技二十四時間の計三十二時間。実際に足場を組み、建物の解体から建て替えまでの実技を疑似体験できる工夫がなされていた。

この職親企業が求めている職種は足場組み、トビ職、大工仕事、塗装などと多様だったが、職業訓練は教える側からの一方通行ではなく、あらゆる質問の一つひとつに答える双方向形式で行われ、受刑者は自分がどんな職種に向いているのか、また業界のニーズがどこにあるのかを知ることができた。「トビ職は何歳ぐらいまでできるか」「足場組みと塗装ではどれぐらい日当が違うのか」といった質問も飛び交ったといい、参加した十四人の受刑者のうち八人がこの職親企業への就職を希望したそうだ。

もう一つのモデル刑務所である佐賀少年刑務所はとくに所内での電気通信関係の職業訓練に力を入れており、職親企業の専門技術者を特別講師に呼ぶなど熱心な取り組みを行っている。また、職業訓練の期間中に限り、電気通信関係の訓練を希望する他の刑務所の受刑者も受け入れているそうだ。

職親プロジェクトが打ち出した三カ年計画の《モデル刑務所》が職業訓練と並んで柱にしている事業は人間教育だ。

これまでに報告した事例の多くで見られたように、少年院や刑務所を出て職親企業に就職しても、間もなく仕事をやめてしまう者には二つの共通点がある。一つは、同僚とのコミュニケーションがとれず、孤立して、職場がいやになってしまうこと。もう一つは金銭管理ができず、同僚からお金を借りてもきちんと返済できないことだ。

「コミュニケーションと金銭管理。この二つを柱にした人間教育を徹底的に行うよう提唱しました。人間性をきちんと育てないと、どんな会社に行ってもやめてしまうし、再犯に走ってしまうからです」

廣瀬の説明では、職親プロジェクトは少年院や刑務所から出る前の人間教育を重視した。そこで、例えば、給料前にお金がなくなってしまったり、計画的にお金を使うことができない事態を想定してその理由を書き出させ、どうすれば解決できるかを自分で考えさせた。失敗の原因を追究する作業を重ねることによって、失敗を成功にもっていく疑似体験を身につけさせることにしたのである。

「人間教育は出所後ではなく、出所前から行うことが重要です」

職親プロジェクトは刑務所側にも遠慮なく注文をつけている。廣瀬によれば、月二回（一回五十分）の人間教育の中身があまりにも通り一遍の内容になっていた刑務所に対し、プログラムを練り直すよう要望したこともあったそうだ。

職親プロジェクトの三カ年計画では、第二段階（出所直後から6カ月間）でも、人間教育とカウンセリングを重視し、関東、関西、九州に拠点となる教育支援施設を設けた。前述の良心塾（大阪市福島区）はその一つだ。

さらに第三段階（出所後6カ月以降）として、「出所者の職場定着に向けた職親企業の連携」を呼びかけている。具体的には、職親企業と対象者のベストマッチづくりのため、職親企業間での転職や職場体験交流の実施が挙げられる。さらに出所者に問題が発生した場合に備えて、弁護士やアルコール・ギャンブル依存症、カウンセラー、臨床心理士など再犯防止に明るい専門家らとのネットワークづくりも重要だ。

官民協働だけにとどまらない職親の輪の広がりが求められている。

■ドラえもん登場

日本財団はさまざまな事業を展開するにあたり、業務の一部をその分野を専門とするNPOや企業に業務委託することが少なくない。職親プロジェクトの場合、筆者にとっては意外に思える企業に委託していた。

小学館集英社プロダクション（東京都千代田区）。呼称は、ShoPro（以下「ショープロ」と記す）。この有名な出版社系の企業が2019年4月から、職親プロジェクトの参加企業が多い大阪、東京両連絡会議の事務局業務を請け負っているのだ。業務委託費は年間約九百万円。

ショープロの担当者で、エデュケーション事業局・矯正教育事業課の田辺準（1982年生まれ）に会い、同社の沿革などを説明してもらった。話を聞いていて、思い浮かんだイメージがあった。

ドラえもんとオバケのQ太郎が、職親プロジェクトの助っ人になった！

田辺は、企業と求職者の適正なマッチングを見極め、就労の手助けをするキャリアコンサルタント（厚労大臣認定の国家資格）である。そんな専門家の立場から、ショープロが何をしている会社かを説明し始めた。

「ショープロは、エデュケーション（教育）とエンターテインメント（娯楽）を融合した〝エデュテインメント〟という発想を矯正教育の理念に掲げています」

であるなら、職親プロジェクトの助っ人にオバＱやドラえもんが登場しても差し支えはない。

田辺準

ショープロは１９６７年、「オバケのＱ太郎」などの商品化権の管理業務を行う小学館プロダクションとして設立された。やがて早期英語教育の実験スクールや幼児教室を手掛けるようになり、教育を中心とする業務分野をしだいに広げた。２００６年にはＰＦＩ（民間資金導入）事業のオートキャンプ場（北海道）の運営に乗り出した。

田辺によると、このPFI事業での実績が刑務所の運営にかかわっていくショープロに転機をもたらす。2007年から、PFI方式の刑務所である「美祢社会復帰促進センター」（山口県）と「喜連川社会復帰促進センター」（栃木県）の二施設、さらに2010年からはPFI方式とは少し異なる民活方式の施設である黒羽刑務所（栃木県）、静岡刑務所、そして笠松（女子）刑務所（岐阜県）の三施設と、合わせて五施設で運営の一部を受託するようになった。

これらの施設に収監されているのはいずれも初犯で、犯罪傾向が進んでいない受刑者が大半だ。受託している業務は、就労定着のための教育、職業訓練、個人情報の管理の三分野だという。

規模が大きい社会復帰促進センターには二百〜三百人の刑務官と数人の専門官がいるようだが、ショープロが派遣している社員スタッフは両社会復帰促進センターでそれぞれ十三人、黒羽など三刑務所にはそれぞれ七人だという。いずれの施設でも警備は大手の民間警備保障会社が業務を受託している。

受刑者の再犯防止と社会復帰を目標にした教育ビジネスを展開するショープロ（この現社名は集英社が資本参加した2008年から）は2017年度から、これら五つの刑務所で「ジョブソニック」と銘打った出所者の就労支援ビジネスを開始した。

田辺の説明によれば、刑務所内の企業説明会や受刑者と企業とのマッチングを確かめる採用面接などを行う。プログラムはそれだけではない。キャリアコンサルタントによる相談▽高卒の学力を目指す教科指導▽「客室清掃」などの時代に合った職業訓練▽職場での挨拶や正しい電話の受け答え、面接にふさわしい化粧などを教えるワークショップ――といった実践的な内容だ。さらには、内定を受けた受刑者にはキャリアコンサルタントらが出所までに必要な知識を教えるなどきめ細かな内容である。

田辺は語る。

「ジョブソニックを始めたきっかけは、黒羽、静岡、笠松の三刑務所との契約が終了する際、法務省側がもう一期、契約を更新したい意向を示したことでした。法務省は『刑務所内の（矯正）教育と職業訓練を連動させた、出所者の就労につながるような民間らしい提案を期待する』と注文してきたのです。それで、ジョブソニックを考案しました」

官は今、民の発想と手法をおおいに頼りにしているようである。

ところで、ショープロの「ジョブソニック」と、日本財団・職親プロジェクトの「仕事フォーラム」やモデル刑務所事業には共通点が少なくない。ショープロが委託を受けている刑事施設は五カ所。職親プロジェクトが対象にしているのは三十カ所あるが、両者は競い合いというより、協力関係にあるといった方がいい。事実、ショープロは職親プロジェクトの大阪、東京両連絡会議の事務局業務を委託されている。

官民協働で進行している職親プロジェクトをめぐる日本財団とショープロの協力関係は、日本財団が再犯防止の実現を目指すソーシャルチェンジのハブ（中核）となっている状況を描き出している。

◇社会的コスト・その一

刑務所や拘置所、少年院などの矯正施設（少年刑務所や婦人補導院を含む）の被収容者一人一日当たりの収容費はどれくらいになるのか。誰もがあまり考えたことがないであろう社会的費用について、法務省の担当者（矯正局総務課）に聞いてみた。あくまで2019年度の予算に基づく数字である。

まず、収容費の内訳を確認したところ、食糧費、光熱水量費、備品消耗資材費、医療費などが含まれるとのことだった。

この収容費は、施設ごとに異なる。

刑務所（少年刑務所、拘置所を含む）の場合は千九百二十四円。ところが、少年院は四千百四十六円で、少年鑑別所はさらに高く五千九百五十七円であった（※）。これらの数字に収容人員数（刑務所の収容人員は2019年9月1日現在、四万九千四百五十三人）と、さらに三百六十五日を掛ければ、施設ごとの年間収容費が算出できる。

そして、法務省矯正局が明らかにした矯正施設（刑務所や拘置所、少年院などを含む）全体の収容費は2019年度の当初予算で年間四百三十五億七千二百三十四万円であった。

しかし、受刑者にかかる費用はこれだけではないだろう。刑務所・少年院の人件費や設備管理費がある。もっと大きくいえば、警察の捜査費用、さらに裁判での国選弁護人にかかる費用などを合わせれば、膨大な金額になるに違いない。これらをひっくるめた総費用を尋ねたが、法務省の担当者からは次のような回答が跳ね返ってきた。

「ご質問に係る費用については、算出しておりません」

しかし、受刑者一人当たり、年間どれぐらいの税金がかかっているかは、職親プロジェクト参加企業の経営者たちも気になっているようで、カンサイ建装工業社長の草刈健太郎は前出の著書『お前の親になったる〜被害者と加害者のドキュメント』の中で、「収監されると一年間に一人当たり三百万円かかる」と述べている。千房会長の中井政嗣も「法務省の関係者に尋ねると、一人二百五十万円から三百万円という返事だった」と話した。

　この三百万円の算定根拠となったらしい論文を見つけた。2011年10月に発行された専門誌『犯罪社会学研究』三十六巻に中島隆信・慶応義塾大学教授が発表した「経済学の視点から見た刑事政策」である。その中に次の記述があった。

「法務省矯正官署の平成二十二（2010）年度の予算額は二千三百億円で、矯正施設の収容者は七万五千人である。一人当たりの排除コストは年間三百万円という計算になる」

　現時点との誤差は否めないが、仮に一人年間三百万円として刑務所収容者数の五万人を掛け合わせれば、ざっと千五百億円となる。いや、それどころの数字ではないという指摘もある。

　草刈は著書の中でこう言う。

「犯罪者が増えれば、この数字は一層増えることになる。逆にもし、一人でも多くの受刑者が更生すれば、コストが削減されることになる。さらに、更生して社会復帰を遂げる人が増えるということは、納税者が増えるということである。再犯の芽を摘むことで得られるメリットは大きい」

ともあれ、受刑者が出所（院）後、再犯の道に陥らず、仕事を得て社会復帰を果たす好循環が生まれれば、これらの施設収容費は少しずつ縮小していくはずである。この社会的コスト削減の流れを日本財団の呼びかけに応じた民間企業がつくり出した意義は重要だ。大きな社会変革の動きである。

※刑務所に比べて少年院・少年鑑別所の収容費が格段に高いのはなぜか。法務省によれば、少年院・少年鑑別所の収容人数が格段に少ないことに起因する。

光熱水量費の基本料金など固定経費は、収容人員が少ないからといって大幅に減額されず、その分、一人当たりの経費が高くなる。また、備品や消耗品については一括購入によるスケールメリットが期待される。

しかし、刑務所よりも小規模な少年院・少年鑑別所はスケールメリット効果が生まれない。

さまざまな理由から、半数以上の少年鑑別所が施設内で食事をつくらず、外部に弁当を発注している現状もある。人数が半減しても、収容費が半減するわけではないという。

第2章

特別養子縁組という方法

幸せ運ぶ赤ちゃん

■「やっと、会えた」

日本財団のホームページ（HP）で、2013年5月に立ち上げられた「ハッピーゆりかごプロジェクト」を検索していて、大きな見出しのインタビュー記事（2014年3月27日付）に引きつけられた。

《この子の顔を見たとき「やっと会えた」と涙しました》

「特別養子縁組」で子どもを迎えた夫婦への一問一答である。夫婦と赤ちゃんの対面のシーンを簡潔に書いておく。

2012年夏のある日、生まれて間もない女の子のNちゃんがI夫婦の家にやってきた。Nちゃんを初めて見た時、夫婦はそれぞれ、思わずつぶやいた。

父となる夫は

「なんて小さいのだろう」

母となる妻は、記事の見出しの通り、

「やっと会えた」

ポロポロ涙をこぼした。

この日から一年後、手続きを経て「特別養子縁組」は確定し、Nちゃんは正式にI夫婦の「長女」となる……。

夫婦二人の短い言葉には、それぞれの感動の深さが込められている。心を温かくしてくれる記事だ。円滑に運ばれた特別養子縁組の一例だったからだろう。

高橋恵里子

インタビュー記事を書いたのは、日本財団公益事業部のチームリーダー、高橋恵里子（1971年生まれ）である。高橋は「ハッピーゆりかごプロジェクト」をスタート当初から担当している。何らかの事情で生みの親と暮らすことができない子どもたちが、旧来の里親制度や普通養子縁組だけでなく、特別養子縁組の一層の普及によって、温かい家庭で健やかに育つことができる社会を目指す取り組みである。

さて、I夫婦とNちゃんの物語をきちんと理解するためには、里親や、普通養子縁組と特別養子縁組の違いについての基礎知識を得ておく必要があるようだ。

まず、里親。親族などが児童を養育するのは親族里親である。児童福祉法に基づき、保護者のいない児童や保護者に任せることが不適当であると認められる児童を、都道府県知事の委託を受けて養育するのが養育里親で、最も一般的だ。このほか、身体に障害があったり、虐待の後遺症がある児童を預かる専門里親や、将来の養子縁組を希望して登録する養子縁組里親がある。研修を受け、自治体の審議会を経て認定されれば、国から養育費や里親手当などが支払われる。

普通の養子縁組は、日本では家の存続や跡取りを設けるために従来から広く行われてきた。この普通養子縁組によって、養親と子どもは法的に親子関係となり、親権は養親に移る。しかし、生みの親と子どもの法的な親子関係も残り、戸籍には「養子（養女）」と記される。

これに対し、I夫婦が選んだ特別養子縁組は1987年の民法改正で導入された。何よりも「子どもの福祉」を優先する視点に立っている。何らかの理由で生みの親が育てることができない子ども（注＝当初は六歳未満が対象だったが、2019年6月に成立した改正民法で十五歳未満に拡大された）に安定した親子関係を付与することを目的としている。法的には特別養子縁組によって生みの親との親子関係はなくなり、養親が唯一の親となる。戸籍上も「長男」「長女」などと記される。養親の要件として、配偶者があることや、原則二十五歳以上などが定められている。保護を必要とする子どものための制度であるから、原則として離縁できない。

実の親子に近い関係をもたらすという、特別養子縁組の実相にふれるため、高橋は2014年3月の休日、千葉県内にあるI夫婦宅を訪ね、インタビューしたのだった。Nちゃんを迎え、育てているI夫婦の言葉の一つひとつから、特別養子縁組がもたらした「幸せ」が伝わってくる。

以下は、インタビュー記事の要約である。

I夫婦は2003年に結婚したが、夫人はなかなか妊娠しなかった。不妊治療を三～四年続け、その間二度妊娠したが、流産となった。

夫婦は「養子」を考えるようになった。夫にはもともと「自分と血がつながった子どもでなければ」との考えはなかった。夫人も学生時代に子どもの野外教育団体に所属するほどの子ども好きだった。そんなこともあって、I夫婦は養子縁組という方法で進めることを決断した。

しかし、当時（2007年ごろ）は養子縁組についての情報は不妊治療の病院では得られなかったし、児童相談所に行くと、「特別養子縁組の実績は非常に少ない」と強調された。夫婦は赤ちゃんからの縁組（特別養子縁組）を希望していたが、「病気が後で見つかることがあるので、二歳以下の子どもを委託することはしていない」との返答だった。リスクのみをとらえて心配しているのだな、との印象を拭えなかった。それでもI夫婦は児童相談所で実習を受けて認定をもらい、（養子縁組を希望する）登録もして準備を進めた。

その後、インターネットで知った養子縁組を斡旋する民間団体で面談を受けた。民間の対応はより柔軟で、〝本質〟を見てくれていると感じたという。

〝本質〟とは何ですか、という高橋の質問に、夫はこう答える。

「子どもの立場であるということです。例えば、『病気がわかるまで施設に置いておこう』ということではなく、『赤ちゃんにはすぐにお父さん、お母さんが必要だ』という考えを優先して、決まり事にも柔軟に対応しています。そこが民間団体の本質だと思います。決まり事やリスクを重んじるだけでは、それはできないでしょう……。赤ちゃんにすぐ親が必要だという点を重視して縁組に取り組むことがとても重要だと私は思っています。間違いなく、大切なことです」

後を継いで、夫人も言った。

「私もまったく同じ考えです。『成長の過程で（赤ちゃんの）病気が見つかるかもしれない』ということは、実子を育てている方も同じですよね。性別が選べないこともしかり。心構えとしては『無条件』ということが大切だという思いがありました」

■血縁より大事なこと

I夫婦とNちゃんの物語を続ける。

2012年春、I夫婦は「アクロスジャパン」の説明会に参加した。やがて日本財団の「ハッピーゆりかごプロジェクト」が助成することになる民間団体で、産んでも育てられない事情がある妊婦を司法、医療、社会福祉事業面からサポートする一方、養親を希望する夫婦の相談に乗る活動を展開していた。

「アクロスジャパン」の代表理事、小川たづるの「子どもは生まれた時からお父さん、お母さんが必要である」という話に夫婦が共感したのは言うまでもない。ただし、現状はというと、児童相談所で特別養子縁組への第一段階となる養子縁組里親の登録をしても数年待つのが当たり前だった。

ところが、願いが届いたのか、アクロスジャパンの説明会から数カ月たたないうちに、I夫婦は小川から連絡を受けた。

「新生児の衣類や用品を準備してください」

そして、暑い夏の日、小川と保育士に連れられたNちゃんがI夫婦のもとにやってきたのだった。

その後、特別養子縁組が成立するまでに一年ほどかかったのは、生みの母親の方の複雑な事情もあり、それらが解決してからの特別養子縁組申し立てになったからだという。

夫人はこう話す。

「妊娠期間のような心の準備の期間はなかったかもしれませんが、この子を迎えるまでにさまざまなことを通して、親になる準備をしていたのだと思います」

前述のように、特別養子縁組は普通の養子縁組と違い、法律上も唯一の親子関係となるから、戸籍上も「養女」ではなく「長女」となる。

「病院で名前を呼ばれる時も、私たち家族の名字で呼ばれるようになりました」

名実ともに親子になれたと実感できた瞬間だった。

将来のことになるが、子どもに対する、いわゆる「出自の告知」について、Ｉ夫婦はどう考えていたのか。夫が立てた方針には、親としての確信がにじんでいた。

「自然な会話の中で、ポジティブに伝えていけたらと思っています。その際の言い方、表現については、悩む点もありますね。あまりにも『生みのお母さんもいた』ということを強調すると、かえって『おかあさんは生みのお母さんの代わりなの？』と混乱するかもしれませんから。あくまで、『おとうさんはこのお父さん、おかあさんはこのお母さん。そして、産んでくれたお母さんもいるんだよ』ということ、そして、『これまでもこれからもずっと変わらないよ』ということが自然に伝わるような話し方ができたらと思います」

特別養子縁組を考えている人たちに、Ｉ夫婦は次のようなメッセージを送った。

「こうして子育てをしていて感じるのは、血がつながっている、つながっていないということよりも、もっと大事なことがあるということです。一緒に生活をしていく中で、形ではなく、感じるものがあるのです。血縁というのは、今の生活をしていく中で、あまり関

係のないことだと私には思えます。血のつながりというものを過大にとらえて、恐れる必要はありません」（夫人）

「養子として迎えた家族であっても、何も変わりません。同じ子育て家庭です。名前は特別養子縁組と、『特別』かもしれませんが、いたって『普通』なのです。遺伝的には異なっているでしょう。しかし、それだけのことだと思います」（夫）

親と子の関係、家族のあり方を考えさせるメッセージである。

■子どもの幸せを第一に

I夫婦とNちゃんのケースは、特別養子縁組が幸せを運んだ理想的な事例といえるが、実際には縁組が成立するまでに紆余曲折を経ることが多い。子どもを産む女性にとっては「予期せぬ妊娠」だったといった深刻な事情を抱えていることもある。縁組の成立までには実親と養親の間で係争になることもある。

2014年4月9日付の産経新聞朝刊（東京版）に次のような記事が掲載されていた。

《他人が出産した女児を出生直後から七年間育ててきた栃木県の五十代の夫婦が、特別養子縁組を結べるよう求めた家事審判で、宇都宮家裁が実の親の同意がなくても「子供の福祉のため」と縁組を認める決定をしていたことが八日、分かった。二月十日付で、四月二日に確定した。

特別養子縁組は、実親が育てられない子どもを養父母と縁組する制度。女児は虐待を受けておらず、こうしたケースで実親の同意なしで縁組が認められるのは異例。

間部泰裁判官は「実の親からは女児との交流や経済的支援の申し出もない。新たな親子関係を築くことが子供の福祉のためだ」と指摘した。民法上、特別養子縁組の成立には実親の同意が必要だが、例外として虐待などのほか「子供の利益を著しく害する」場合が認められており、間部裁判官は、この規定に該当すると判断した。

最高裁によると、特別養子縁組の成立は平成二十四年に三百三十九件。普通養子縁組の場合、戸籍に養子と記され、法的に実親との関係が継続するが、特別養子縁組では実親との親子関係は終了し、養父母の実子として扱われる》

「ハッピーゆりかごプロジェクト」のＨＰには、前述のＩ夫婦へのインタビューと並んで、この裁判で七歳女児との特別養子縁組が認められた夫婦へのインタビュー記事（２０１４年７月30日付）が掲載されている。

この夫婦は不妊治療を四年ほど続けていたが、年齢的にも限界を感じ、養子を迎えようと思った。養子縁組あっせん団体の担当者とも何度も話し合い、苦労が多いことを十分認識したうえで決断したという。

最初は男の子を養子にし、順調に育てることができた。家の跡継ぎとして迎えた長男だったが、「家を継ぐ、継がないは、あまり重要なことではなくなる」ほど、家族としての絆は強まった。

長男が成長すると、もう一人、子どもを育てたくなった。同じ養子縁組あっせん団体に特別養子縁組の希望を伝えると、間もなく、実親が養子に出したいと希望している生まれたばかりの女の赤ちゃんを紹介された。

産院で生後十一日目の赤ちゃんと感激の対面。「生みの親の意思で、養子縁組をしたい」ことを確認したうえで、話を進めることにしたという。夫婦はその日から赤ちゃんを自宅に連れて帰り、気持ちのうえでは「長女」として育て始めた。

特別養子縁組が成立するための要件の一つとして、「養親となる夫婦が養子となる子どもを六カ月以上監護していること」が規定されている。「長男」の時は七カ月ほどで家裁の審判があって認められた。今度もそうだろうと思っていた夫婦にとって、予想していなかった事態が展開されていく。

まず、先方との連絡がとれにくくなった。この時点で「長女」は法的には「同居人」だから、国民健康保険を申請するための書類を実親から届けてもらう必要がある。保険証がないと、健診や予防接種も受けられない。必要な手続きがなかなかできなかった。

ついに実親から「ある条件をのまなければ、特別養子縁組に同意しない」という内容の連絡があった。裁判所の調査官に相談すると、「まだ養育期間が短い現段階では、実親の同意がなければ特別養子縁組の成立は難しいだろう」「二～三年養育して実績をつくり、もう一回、縁組の申し立てをしたらどうか」という。泣く泣くその提案に従い、いったん縁組の申請を取り下げた。

実親は「普通養子縁組ならいいが、特別養子縁組で法的な親子関係が切れてしまうことは承諾できない」と考えているようだったが、夫婦は「三年間、何の連絡もいただけないのは、（実親の）育児放棄ではないか」と言いたかった。夫婦にとって納得できなかったのは、自分たちの家で育てられていること自体が「安定した環境で子どもを育てているということなので、育児放棄にはあたらない」という裁判所の判断である。理解しにくい理屈だった。むろん控訴したが、「差し戻しにはあたらない」と却下。再度控訴したが、それも却下。

女の子は夫婦の「長女」になれない宙ぶらりんのまま、養育が続いた。

夫婦はなぜ、唯一の親子関係となる特別養子縁組にこだわったのか。母親は言う。

「私たちがいなくなった時のことを考えて、娘の後ろ盾になるためには、（生みの親との法的な親子関係がなくなる）特別養子縁組にしておかなくてはならない。この子を産むことはかなわなかったけれど、それだけはどうしてもしてあげたかった」

その後、夫婦は養育仲間に紹介してもらった弁護士のひと言に勇気づけられた。

「これは特別養子縁組の根幹にかかわる問題だ」

夫婦は改めて家裁に特別養子縁組を申請した。そして、認められた。最初の申請から、じつに七年かかって正真正銘の家族の一員になったのである。

父親は言う。

「戸籍に入らないと、公的な書類を出す時に『同居人』となります。私たちにもしものことがあった時、祖父母や親戚などの私たちの家族が子どもの面倒を見られなくなります。養育を許されている人がいなくなれば、実の親に行きます。そこで実の親が『育てない』となれば、施設に入ることになります。それだけは絶対に避けたいと思いました」

特別養子縁組にこだわったこの夫婦のケースは、子どもが最も幸せになるために大人はどうしたらいいか、を考えさせる。

宇都宮家裁の裁判官は、民法上、特別養子縁組は実親の同意を必要としているものの、このケースは虐待や「子どもの利益を著しく害する」場合と同じく例外にあたると判断したのである。

家裁の決定には、血のつながりのあるわが子との法的な親子関係の終了を強いられる実親に対し冷酷すぎるのではないか、といった意見もあろう。しかし、この実親の場合は育児放棄と判断されてもやむを得ないのではないか。裁判所は画期的というより、当たり前の判断を下したのだと思う。

■乳児院の情景

この章では、予期せぬ妊娠をした女性を救い、一方で赤ちゃんの幸せを最優先する仕組みづくりを支援する日本財団の「ハッピーゆりかごプロジェクト」の活動を取り上げることにした。冒頭に紹介した二つの事例は、プロジェクトが活動の中心に据えている特別養子縁組が新しい親子関係と家庭づくりに導いてくれる一つの有効な方法であることを示している。

しかし、特別養子縁組だけでプロジェクトが挑戦しているすべての問題が解決するわけではない。

生みの親がわが子を育てられない理由に予期せぬ妊娠や貧困があり、それが子捨てや子殺しにつながっているという、深刻な問題が背景に横たわっている。

筆者が接した関係者がよく語る、乳児院や児童養護施設の情景がある。

施設を訪ねる外部の人間は、玄関先から内部に足を踏み入れたとたん、一斉に集まってくる子どもたちに取り囲まれる。子どもたちは、口々に質問する。

「誰のパパ？」

「誰のママ？」

選ばれることへの強い期待の一方で、連れられて行く先の「家庭」への不安もある。小さな胸には複雑な思いが交錯しているのだろう。

ある大学教授（男性）の経験談だが、学生時代にボランティア活動で乳児院を訪ねた時、三十人ぐらいの乳幼児にまとわりつかれて驚いたという。この施設の職員のほとんどは女性だった。なので、外部の人間、とくに男性が珍しかったためらしい。人が恋しいのだ。

「ハッピーゆりかごプロジェクト」は、子どもが欲しい夫婦のための活動ではない。視点を子どもの側に据えている。生みの親と暮らすことができない子どもにとって、何が幸せなのかをひたすら追求している。

プロジェクトのリーダーである高橋恵里子の説明を聞きながら、これまでの取り組みをたどってみる。

ハッピーゆりかごプロジェクト

■施設養育に偏る日本

日本財団の「ハッピーゆりかごプロジェクト」は、高橋恵里子（前出）の個人的な問題意識から出発している。といっても、高橋自身に養子縁組の経験があるわけではない。プロジェクトの担当となる前は、養子縁組関係の仕事をしたこともなかった。

上智大学の文学部を卒業後、米ニューヨーク州立大学で修士課程（環境政策専攻）を修了した高橋は1997年1月、日本財団に就職した。難民問題に関心があり、「国際関係の仕事がしたかった」という。総務部で三カ月間基礎訓練を受けた後、志望通り国際部（当時）に配属され、十年間ほどは主として海外の視・聴覚障害者の支援事業や義肢装具士の養成事業などに携わった。

やりがいのある仕事を続ける中で、私生活ではさまざまな出来事があった。結婚して四年後の2002年、長女を出産。続いて次女、長男と三人の子どもに恵まれた。

仕事と育児の両立は容易ではない。高橋は出産のたびに育児休暇をとり、夫と共に働きながら子育てに追われた。そんな経験を積んだことによって、はっきりと自覚したことがある。

「親とは、子どもが三歳になるまでに、子どものすべてを受け入れる存在になる必要があるということです」

なぜなら、子どもは、無条件に身を委ねることができる保護者（親）をもつことによって初めて、自分は愛されていると実感できる。それによって子どもは自分に自信をもち、他人とのかかわりをつくることができるようになるからだ。

これは、児童精神科医で発達障害をもつ人たちへの支援活動でも知られた佐々木正美（1935～2017年）の著作『子どもへのまなざし』（1998年、福音館書店）を読んでたどり着いた考えだと高橋は言う。それはまた、子育てと格闘する日々の暮らしの中で学んだ親としての心構えでもあった。

子どもが安心してその胸に飛び込んでいける特別な存在になろう。そう決心した高橋だが、そこで、新たな問いが思い浮かんだ。

「何らかの理由で、生みの親に育ててもらえない子どもはどうなるのだろうか」

子どもの幸せを希求する観点に立った重大な問いかけである。

里親制度についてはすでに述べた。実親と暮らせない子どもたちを家庭環境のもとで養育し、健全な育成を図る公的な仕組みである。児童福祉法に基づき、里親には手当や一般生活費、教育費、医療費などが支給される。

この里親への支援で、日本財団には四十年以上の実績があった。都道府県・政令指定都市にある六十六の里親会で構成する「全国里親会」（公益財団法人）に対し、設立時の1971年から2015年までの累計で約六億六千六百万円にのぼる活動費（制度の普及振興や研修会の開催費など）の助成を続けてきた。

高橋は、里親への支援事業を担当してみたいと思った。子どもは何より家庭で育てられるべきではないかと考えるからである。同時に、「里親制度だけでなく、ほかにも手立てはないのだろうか」と思案した。

日本財団の国際部で障害者支援の関連事業を担当していた高橋は、欧州では、従来は施設に収容されていた障害者や高齢者を、地域コミュニティにある「グループホーム」で暮らせるようにすべきだとの考えが主流になってきていることを知った。

グループホームは、病気や障害などで生活に困難を抱えた人たちが専門スタッフの支援を受けながら一般の住宅で生活する社会的介護の形態だ。大規模な施設とは異なり、地域に定着した家庭的な環境下で暮らすことができる。普通の「家」になり得るのである。こうした対応策は、障害者や高齢者だけでなく、生みの親が育てられない子どもたちにも適用できるのではないか――。

子どもの福祉を最優先する考えに立ってみると、日本の現状が抱えているいくつもの問題点が浮かび上がってきた。

里親や養子縁組に関する資料に目を通していた高橋はまず、根本的なことに気付いた。欧米諸国と比べてみると、日本では生みの親が育児を放棄した場合、里親や養子縁組によって引き取られるよりも、施設で暮らすようになる子どもが非常に多いのだ。

里親の概念は国によって異なるため単純な比較はできないにしても、高橋が入手したデータには、ちょっと驚かされる数字が並んでいた。少し古いデータになるが、保護が必要な児童に占める里親等に委託された児童の割合は２０１０年前後の時点で、オーストラリアが93・５％と最も高く、次いで香港が79・８％、さらに米国77％、英国71・７％と続く。このほかフランスは54・９％、ドイツは50・４％であった。欧米では里親によって家庭で育てられるケースが主流であることがわかる。《以上のデータは「家庭外ケア児童数及び里親委託率等の国際比較研究」（主任研究者　開原久代・東京成徳大学子ども学部）

による》

これに対し、日本の里親等委託率は当時（2011年3月末）、わずか12％だった。八割以上が施設で育てられているのだ。

ちなみに、厚生労働省の最近の調査（2018年）では、日本で保護者がいなかったり、虐待などから家庭環境上、養護を必要とする児童は約四万五千人おり、そのうちの八割以上が児童養護施設（二万五千二百八十二人）や乳児院（二千七百六人）などの施設で生活していると報告されている（ただし、里親等委託率は19・7％に上昇した）。

一方、引き取った子どもと法的な親子関係となる特別養子縁組の成立は、「ハッピーゆりかごプロジェクト」が始まる前の2012年までは年間三百件台にとどまっていた（プロジェクト開始後の2013年以降は上昇傾向を示し、2014年には五百件を超え、2018年には六百二十四件）。養子制度や社会環境の違いから単純に比較できないにしても、英国で年間数千件単位、米国では十数万件単位で推移しているのとは雲泥の差である。

日本では、なぜ、欧米では当たり前のようになっている里親委託や養子が少なく、施設で養育される子どもが多いのか。子どもは家庭で育てられるのが一番ではないのか。何よりも保護を必要としている子どもの福祉を最優先にした制度であるはずの特別養子縁組が

各国の要保護児童に占める里親委託児童の割合

（2010年前後の状況）

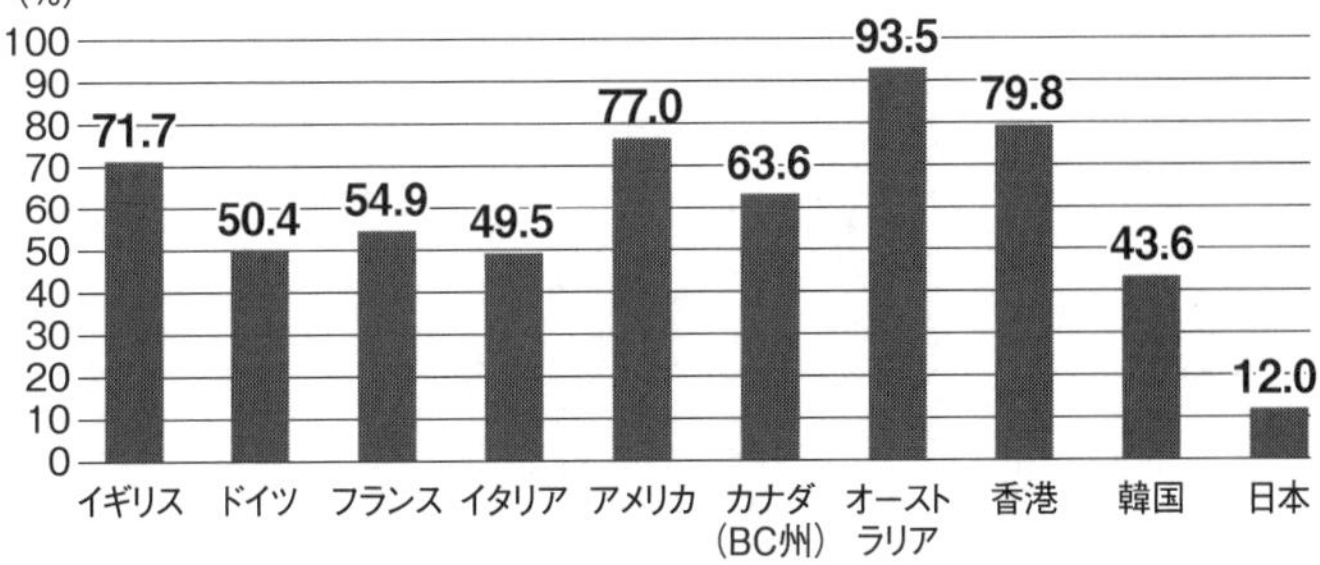

※「家庭外ケア児童数及び里親委託率等の国際比較研究」
（主任研究者 開原久代・東京成徳大学子ども学部）＝2011年度厚生労働科学研究から

※日本の里親等委託率12.0％は2011年3月末現在

特別養子縁組の成立件数

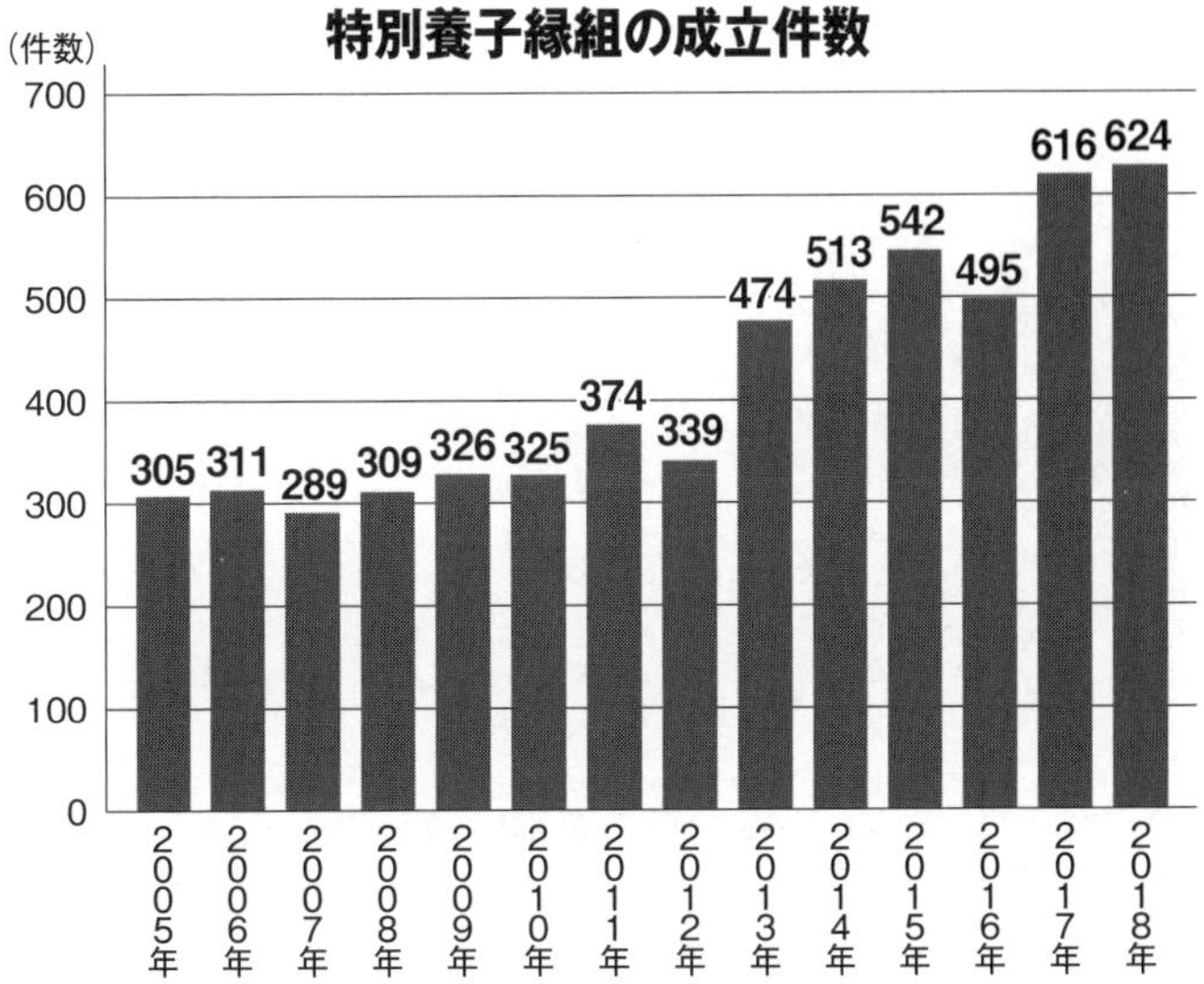

最高裁判所「司法統計」（2018年は速報値）

極端に少ないのはなぜだろう。

当時の高橋は合点がいかなかった。

■「愛知方式」

日本財団は次から次へとプロジェクトを立ち上げる。

2012年11月、日本財団が実施した「ママの笑顔を増やすプロジェクト」がかかわった講演会が東京・港区の日本財団ビルで開かれた。

仕事に忙しかった高橋だが、時間をやりくりして講演会場に駆けつけた。子育て中の女性が抱える問題の解決を目指す活動に関心があったというより、「特別養子縁組」をテーマにした講演会により強い興味を抱いたからだ。講師は、愛知県の児童相談所で長く児童福祉司を務め、嬰児殺しを防止する運動を続けてきた矢満田篤二《やまんたとくじ》(1934年生まれ)。1994年に定年退職後も日本福祉大学などの非常勤講師を務め、ライフワークの活動を続けている人物である。

講演で矢満田は「特別養子縁組」の意義を力説し、愛知県の児童相談所が1982年か

矢満田篤二

ら始めた「愛知方式」と呼ばれる取り組みを熱心に語った。考えさせられる内容だった。

「愛知方式」は、愛知県産婦人科医会が１９７６年に始めた「赤ちゃん縁組無料相談」の手法が基盤になっている。予期しなかった妊娠などで生みの親が育てることができない赤ちゃんを、生まれる前から妊婦さんの相談に乗り、支援する。赤ちゃんが生まれると、特別養子縁組を前提として登録している里親に橋渡しし、家庭の中で育てるようにする取り組みだ。厚生労働省が２０１１年に出した「里親委託ガイドライン」の中でも「赤ちゃん縁組・愛知方式」として紹介された。後述するが、「子どもの福祉」を最優先する視点に立ち、子どもを迎える夫婦には厳しすぎるほどの条件をつけている。

特別養子縁組は、子どもが生後少なくとも一年以上経てから検討されることが多かった。ところが、「愛知方式」は妊娠中から、さらには出産直後の相談にも応じ、新生児を病院から直接里親（特別養子縁組による将来の養親）宅へ委託する思い切った手法をとる点で際立っていた。0歳児、0カ月児で養親が（当面は里親として）引き取るのだから、「赤ちゃん縁組」と呼んでもいいだろう。この里親がやがて特別養子縁組を申請し、認められれば、法的にも認められた新たな親子関係が成立するのである。

ところで、矢満田が講演した当時の特別養子縁組の成立要件を改めて述べておきたい。厚生労働省によれば、次の四つの要件が求められていた。

①養子となる子どもの実父母の同意がなければならない。ただし、実父母による虐待や悪意の遺棄、その他子どもの利益を著しく害する事由がある場合は不要。

②養親は配偶者のいる二十五歳以上の夫婦でなければならない。ただし、夫婦の一方が二十五歳以上であれば、もう一方は二十歳以上であれば可。

③養子となる子どもの年齢は、養親が家庭裁判所に審判を請求する時に六歳未満でなければならない（2019年6月の民法改正で十五歳未満に引き上げ）。ただし、六歳に達する前から養親が監護していた場合には、八歳に達する前まで審判を請求できる。

④縁組成立のためには、養親が養子となる子どもを六カ月以上監護していなければならない。

いずれも特別養子縁組が成立するための最低限の決まり事といえるが、愛知県の児童相談所で児童福祉司として「赤ちゃん縁組」に取り組んだ矢満田の場合は、養親候補となった夫婦に対し、次のような誓約書への署名を求めた。

誓約書の本文は箇条書きで、第1項の《赤ちゃんの引き取り許可を受けたその日から、私たちの家庭へ赤ちゃんを迎え入れて育てる決断ができております》で始まり、第3項では、家庭裁判所による養子縁組成立の審判以前に生みの親から子どもを引き取りたいとの申し出があった場合は「どのように辛くても育てた子を返す」、続く第4項では「子どもの性別を選びません」と誓約する。そして第5〜7項には特別養子縁組の本質にかかわる重大な内容が盛り込まれている。

《分娩後の赤ちゃんの障がいの有無で家庭引き取りを左右したり、養子縁組許可申し立てを取り止めるような身勝手はいたしません》（第5項）

続いて具体的に、

《生まれた赤ちゃんに重度の慢性疾患や障がいがあったりしたため引き続き入院継続を要し、将来にわたっても、専門施設等での療育が必要とされる場合でも、私たちがこの子の親となる決断をしたことを変える考えはありません》（第6項）

さらに第8項では、子どもの「出自を知る権利」に言及し、適切な時期に生みの親を傷つけないように配慮しつつ真実告知を行うとしている。

矢満田はこの誓約書について、自著『「赤ちゃん縁組」で虐待死をなくす〜愛知方式がつないだ命』（2015年光文社新書、萬屋育子との共著）でも詳しく紹介している。その中で、特別養子縁組は「子どもの権利・福祉・利益」を保障するための制度であって、「養子を迎えるご夫婦には、『子どもが欲しい親のための制度ではない』ということをご理解いただいて、縁組を進めています」と強調していた。

誓約書の全文を紹介した後、矢満田はこう問いかけている。

「この誓約書の内容は、物言えぬ子どもを代弁しているつもりです。厳しいと思われますか？」

一つの理想を示した誓約書の趣旨に共感する人は少なくないだろう。同時に、誓約書を読んで、署名をためらう夫婦もいるだろう。関係者によれば、愛知県の児童相談所は現在、こうした厳格な誓約書への署名までも求めてはいないという。しかし、矢満田の問いかけがもつ意味は重い。

■緊急提案の立ち上げ

「特別養子縁組について深く考えたことがなかった」という高橋だったが、矢満田の講演に触発され、日本財団のプロジェクトを立ち上げたいというチャレンジ精神をかき立てられた。仕事をし、母でもある高橋が思い描いたのは、生みの親と暮らすことができない子どもたちが、温かい家庭で健やかに育つことができる社会を目指すプロジェクトである。それが、嬰児殺しや虐待死といった深刻な社会課題の解決にもつながると信じるからだ。

次は行動あるのみである。

こういう時、日本財団にはスピーディに事を運ぶ伝統がある。プロジェクトを立案した職員が会長の前で自ら発表し、事業化を求める機会が少なくない。

本書の第1章「職親プロジェクト」で紹介した「語り場」はその一つだ。日本財団職員を若手、中堅、管理職の年齢縦断で編成した計十チーム（一チーム六～七人）に分け、それぞれが思い思いの社会課題を提示して議論し合い、対応策をまとめあげていく場である。毎週火曜日の午前と午後の二回、各チームは笹川陽平会長を囲んで議論し、一年ほどかけて対応策を発表する。

矢満田の講演を聞き、「特別養子縁組」と「愛知方式」について学習した高橋は、わずか一カ月で自分なりに対応策をまとめた。そして、会長を前にした2012年12月下旬の「語り場」で、《こうのとりのおてつだい〜「赤ちゃん縁組」への取り組み》と題したプレゼンテーションを行った。

高橋は、このプロジェクトが必要とされる理由や課題を整理し、データやチャート図を盛り込んでまとめ上げたパワーポイント資料をスクリーンに映し出しながら説明を続けた。要点は次の通りだ。

▽保護を必要とする子どもには家庭的な環境が望ましいにもかかわらず、日本ではそれらの子どもの約九割が施設養護に依存している。

▽日本政府は国連・子どもの権利委員会から「保護を必要とする子どもに対して家庭環境に代わるものを提供するために設置されている構造が不十分」と勧告（1998年）されるなど、国際社会から問題点を指摘されている。

▽厚生労働省は以前から里親等委託率の引き上げを目標にしているが、2011年3月末の委託率は12％でしかない。

▽その半面、日本で不妊治療を受けている人は、1999年度は二十八万人、2003

年度では四十八万人。民間の養子縁組あっせん団体によれば、養子を迎えることを希望する人が、養子に出すことを希望する人より多い現状にある。

▽「愛知方式」については厚生労働省でも注目し、２０１１年度には児童相談所へ「愛知県における取り組み例を参考にするよう」「妊娠中から相談に応じる、特別養子縁組を前提とした委託が有用である」との通達を出した。

▽虐待によって子どもが死亡したとされる事例は十年間で千二百十九人。生後一カ月未満が最も多く二百二十七人。一歳までの子どもが33％を占める。予期せぬ妊娠に悩み、生まれた子を死なせてしまうケースが多かった。妊娠の段階から相談できる場があれば、虐待死の減少にもつながったかもしれない。

では、日本財団として何をなすべきか。高橋は育児関連の企業に寄付を呼びかけて特別養子縁組、もしくは「赤ちゃん縁組」の支援センターを設置し、シンポジウムや勉強会を開催したり、妊娠相談窓口の開設などの構想を頭に描いていた。限られた人員しかいない日本財団がすべての活動を直接手掛けることはできない。活動のハブ（中核）となるのが、日本財団の役割である。

高橋のプレゼンテーションをじっと聞いていた会長の笹川は、短く言った。

「いいのではないか。やってみなさい」

一カ月で練り上げられた構想は「ハッピーゆりかごプロジェクト」と名付けられ、次のような目標を掲げた。

「何らかの事情で生みの親と暮らすことのできない子どもたちが、特別養子縁組や里親制度のさらなる普及により、温かい家庭で健やかに育つことができる社会を目指す」

むろん、矢満田が取り組んだ「愛知方式」の手法を参考にして、養親と子どもが唯一の親子関係となる特別養子縁組が最良だとする考えに立っているが、里親制度も含めた家庭養護の普及を提唱している。生みの親と子どもとの法的な親子関係も残る普通養子縁組も排除しているわけではない。幅広い手法によって、子どもが幸せに育つことができる「家庭環境」を追求する姿勢であった。

二人の医師

■「こうのとり」の波紋

2012年の暮れ、日本財団の「ハッピーゆりかごプロジェクト」は事実上走り出した（正式な立ち上げは2013年5月）。しかし、担当リーダーとなった高橋恵里子は「何から手をつけていいかわからないほど、テーマがたくさんありすぎた」と振り返る。最も深刻な問題は、予期せぬ妊娠によって産んだ子どもを殺してしまうケースが後を絶たないことだ。捨て子の事例も多い。これらを防ぐためにも、特別養子縁組の普及を急がなければならない。

赤ちゃんの養子縁組は、ふつうは生後一年ぐらいからとされている。しかし、前出の児童・社会福祉の専門家、矢満田篤二によれば、「愛知方式」ではなるべく早く、できるなら生後0カ月以内での引き渡しで措置するのが望ましいという。

この根拠には、乳幼児を集団（施設）で育てるのは望ましくないとする医学的な検証が国際的に認知されていることがある。ユニセフ（国連児童基金）の報告書でも、「一般的に言って、大規模な施設に三カ月入れれば、赤ちゃんの発育が一ヵ月分失われる可能性がある」と指摘されている。愛着障害（特定の保護者との安定した愛着が絶たれたことで引き起こされる障害の総称）が表れることもあり、情緒に影響を与えることもある……。

まわりにあるのは、喫緊の課題ばかりだ。その中で優先して取り組むべき課題を求めて、高橋は模索を続けた。

高橋は「子捨てや虐待死を防ぐために里親制度や普通・特別養子縁組の普及を図る」と枠組みを広げ、最初の二～三カ月はひたすら関係先を回ってヒアリングを重ねた。東京都内や埼玉県、茨城県にある民間の養子縁組あっせん団体や名古屋市の虐待予防団体に足を延ばしただけでなく、米国カリフォルニア州の養子縁組あっせん団体も視察した。

「ハッピーゆりかごプロジェクト」を具体化させるきっかけとなったのは、2007年の「赤ちゃんポスト」報道によって全国的に知られるようになった慈恵病院（熊本市）への訪問だった。高橋はむろん、理事長兼病院長の蓮田《はすだ》太二《たいじ》（1936年生まれ）に会い、じっくりと話を聞いている。

民間病院の慈恵病院が運用を始めた「こうのとりのゆりかご」は、思いがけない妊娠などやむを得ない事情で育てられなくなった新生児を匿名で託すことができる、赤ちゃんの緊急避難所といっていい。

病院一階の職員出入り口のすぐ横に設置された「ゆりかご」は新生児相談室につながっていた。扉は縦五十センチ、横六十センチ。ロックは解除されていて、外側から開けられる。扉を開けると、体温前後に温められた保育器があり、赤ちゃんを置くことができる。新生児室には職員がいて、二十四時間対応できる体制だ。ポスト横には新生児室につながるインターホンがあった《注＝「ゆりかご」の設備は2011年1月、慈恵病院の新病棟（産科・小児科棟）が開設されたことに伴って当初の設置場所から新病棟の南側に移転している》。

「ゆりかご」に預け入れられた場合、病院側の初期対応は次のようになる。

①子どもが預け入れられると、子どもの安全確保のため、扉は自動的にロックされる。ナースステーションおよび新生児室のブザーが鳴り、点滅ランプが作動する。

②職員がゆりかごに駆けつけて子どもを保護する。預け入れ者との接触ができた場合は、できる限り相談につなぐ。

③対応した職員は医師、看護部長（夜間は当直の看護責任者）、病院関係者に連絡する。

④医師による健康チェックを行う。新生児室内で子どもを保護する。

⑤警察（熊本南署）および児童相談所に連絡する。

病院の一角に設置された赤ちゃんボックス

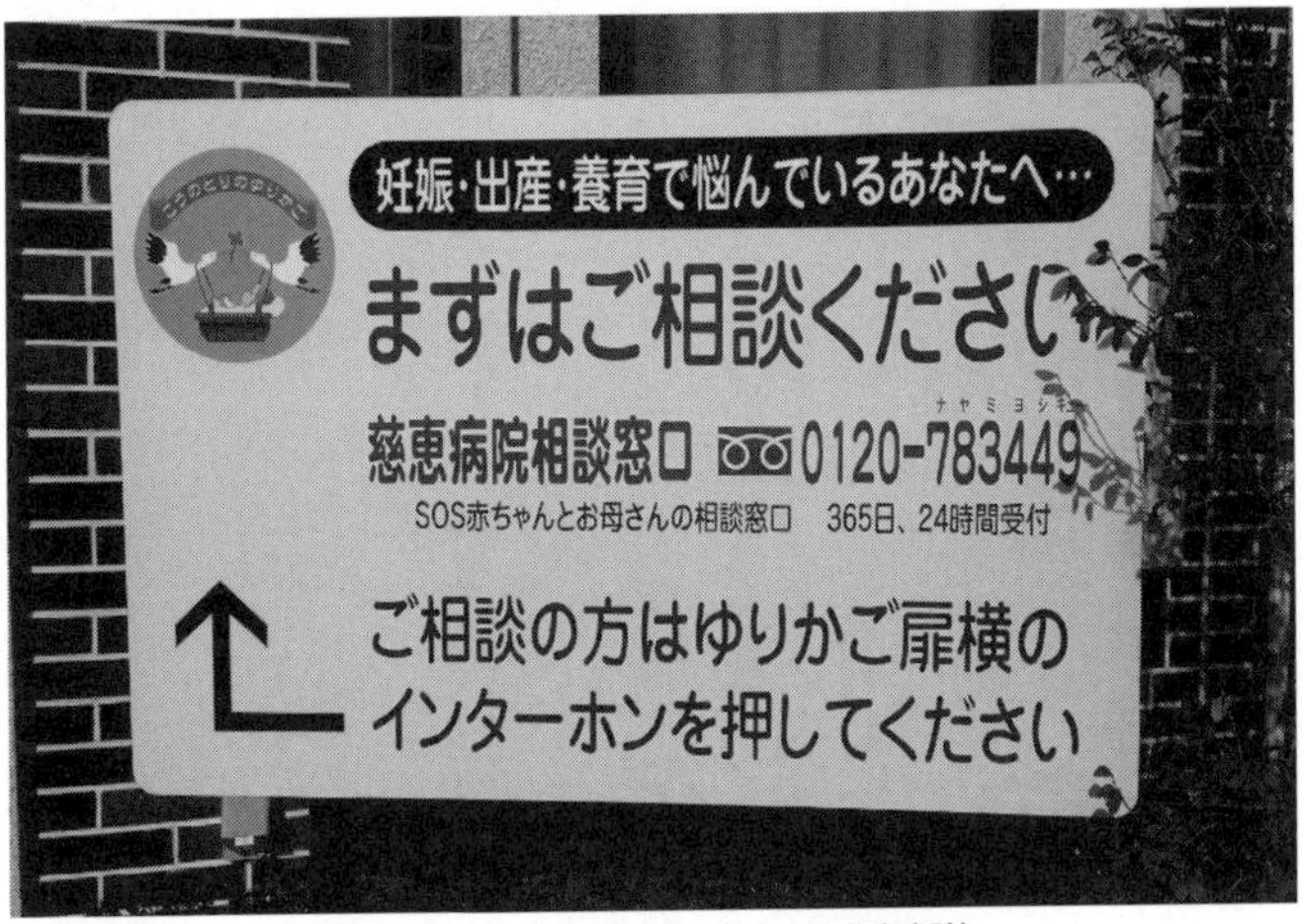

「まず相談を……」と呼びかけている（2013年1月、熊本市の慈恵病院）

この後、赤ちゃんは乳児院に送られる（二歳以上の場合は児童養護施設）。だから、「こうのとりのゆりかご」にいられるのは一時保護のわずかな期間だけである。親が思い直し、引き取りに来る場合もある。

この「こうのとりのゆりかご」の運用が開始されたのは２００７年5月10日である。波紋は大きかった。

産経新聞などの当時の報道によると、前年11月の計画発表後から慈恵病院には問い合わせや意見の電話がかかっていた。運用開始を新聞やテレビ、インターネットなどのメディアが大々的に報道すると、賛否両論が沸き起こった。というより、当初は慈恵病院に対するバッシング的な意見が多かったように思う。メディアによる検証記事や蓮田へのインタビューなどフォロー報道はその後も続いた。

「こうのとりのゆりかご」に対する批判意見は次の二点に集約される。

「安易な子捨てを助長する」

そして、

「子どもが出自を知る権利を奪ってしまう」

次のような問題点も指摘された。

「死産した子供を捨てたり、生みの親と偽って赤ちゃんを引き取るといった悪用は防げるか。預けられた赤ちゃんを育てる現行の福祉制度を見直す必要はないか」（２００７年５月10日、産経新聞大阪本社版夕刊）

これに対し蓮田は、一貫して次のように主張している。

「赤ちゃんが生き延びる権利が最も重要で優先されるべきである」（２０１４年１月20日配信のニュースサイトＢＬＯＧＯＳ）

「生まれてきた命は、分け隔てなく尊く、生きる権利を持っています。その命を助けるのが、『ゆりかご』です」（２０１８年12月22日配信の医療従事者向け専門サイト「医療維新」）

間違ってはいない、との蓮田の信念は揺らいでいない。

蓮田太二院長

■命を救い、育てる

「こうのとりのゆりかご」が設置された経緯と、

設置後に何が起きたかを振り返ってみる。日本財団の「ハッピーゆりかごプロジェクト」を背負った高橋にとって、子どもの命を救う慈恵病院の取り組みは得難いテキストであった。だから、詳しく知っておく必要がある。

1971年から慈恵病院の病院長を務める蓮田はずっと以前から、医師として、遺棄されて命を落とす新生児や人工妊娠中絶で失われていく命を救いたいとの強い思いをもっていた。何とかしたいと考えた慈恵病院は「こうのとりのゆりかご」の設置から五年前の2002年から、期間限定ながら定期的に、妊娠による悩みの電話相談を開設している。「ゆりかご」の設置方針を打ち出した2006年11月からはこれを「SOS赤ちゃんとお母さんの妊娠相談」として充実させ、二十四時間三百六十五日体制とした。無料である。

熊本市の「こうのとりのゆりかご」検証会議がまとめた最初の報告書（2009年11月）によれば、2007年度の相談件数は五百一件だった。相談内容は「思いがけない妊娠」が最も多く百六十四件あった。県内からの相談（百七十件）よりも県外からの相談（二百五十件）の方が多いことが特徴的だ。地元にはいたくない、どうしていいかわからないと、ひとりで悩む妊婦の姿が浮かび上がる。

ちなみに、相談件数はその後どんどん増え続けた。検証会議の第四期報告書（2017

年９月）によれば、２０１６年度は六千五百六十五件にのぼった。電話をかけてくるのは二十代が最も多く32・７％。十五歳〜三十代で七割近くを占めている。

赤ちゃんの命を救う方法を模索していた慈恵病院は、電話相談から一歩先に踏み出した。２００４年５月、蓮田が「赤ちゃんとお母さんの命を守る」活動を続けているＮＰＯ法人（東京）に勧められてドイツに行き、「ベビークラッペ」という施設を見学したことがきっかけになっている。

前出のＢＬＯＧＯＳのインタビュー記事によると、「ベビークラッペ」はいわゆる赤ちゃんボックスだが、そこでは妊婦が匿名で出産し、そのまま養子縁組に託す仕組みになっていた。ドイツ国内には七十カ所の「ベビークラッペ」があり、年間四十人ぐらいの妊婦が利用しているという。

熊本に同じような施設をつくっても、果たして赤ちゃんを預ける母親がいるだろうか——。否定的な思いにとらわれていた蓮田に見学の案内役を務めていた医師が強い口調で言った。

「そこにつくって、いつでも利用できることが大事なんだ」

この一喝に後押しされ、帰国した蓮田は母子ともに救われる緊急避難場所になる赤ちゃんボックスをつくろうと決心したそうだ。

むろん、気がかりなことはいくつかあった。決断後も蓮田は悩んだ。

病院が赤ちゃんを預かるということは、捨てることを助けることになる。つまり遺棄幇《ほう》助《じょ》罪に問われるのではないか。大学法学部の先生方に見解を求めると、「該当する」と「安全な場所に預けるのなら該当しない」の二つに分かれた。さらに、赤ちゃんボックスに預けられた時に親と接触できず、赤ちゃんの身元が判明しないケースが考えられる。将来、この赤ちゃんの出自をどう伝えたらいいのか……。

悩んでいるうちにも、地元の熊本県内で乳児の遺棄事件が相次いだ。2006年1月には、専門学校生が親にも妊娠を明かせずにトイレで出産し、子どもを死なせたとして逮捕される事件が起きた。

預けられる施設があれば、こうした悲惨な出来事は起きなかった。そう考えた蓮田は「こうのとりのゆりかご」の設置に踏み切り、命の大切さを社会に問いかけることになった。

どんな反応があったのか。

すでに述べたように、「ゆりかご」は慈恵病院一階の一室（新生児室）の外壁に扉を付け、屋内に保育器を設置した構造である。子どもが預け入れられると、安全確保のため、扉が自動的にロックされる仕組みになっている。

最初の預け入れがあったのは、「ゆりかご」の運用開始から三時間後の２００７年５月10日午後三時ごろ。ブザーの作動で駆けつけた看護師が見つけ、無事保護した。保育器の中にいたのは、病院側が想定していた新生児ではなく、脱いだ靴を抱えた三歳の男児であった。

前述の検証会議の報告書によれば、この運用開始から２００９年９月30日までの約二年五カ月の間に、慈恵病院の「ゆりかご」には計五十一件の預け入れがあった（男児二十八人、女児二十三人）。年齢区分別に見ると、生後一カ月未満が四十三人と、やはり新生児が多かった。ほか、生後一カ月以上一年未満の乳児が六人。生後一年以上小学校入学以前の幼児は二人であった。

母親の年齢は二十代が最も多く二十一人、これに次ぐのが三十代の十人だが、十代も五人いた。未婚の事例ははっきりしているだけで十六件あった。また、ゆりかごに預け入れた主な理由としているのは「戸籍に入れたくないから」（八件）や生活困窮（七件）、不倫（五件）などである。

報告書にある以上の記録には、子どもを育てられない母親のやむを得ない事情だけでなく、同情できない身勝手さも織り込まれている。やりきれないデータである。

五十一件の事例のうち、親の居住地が判明した三十九件のすべてが熊本県外だったことは何を物語っているのだろう。

「思いがけない妊娠」だから地元では出産できないし、育てられない。世間には知られたくない。生活が苦しい。誰にも相談したくない。あるいは、すべてを忘れるために見知らぬ土地でわが子と決別しようとしたのか……。「ゆりかご」は運用開始直後から、日本社会のあからさまな現実を映し出した。

「こうのとりのゆりかご」への預け入れはその後も続いているが、少ない年では一桁、多い年でも十数件である。2019年5月27日に熊本市が発表した集計では、2018年度中の預け入れは七件(男児四人、女児三人)。生後一カ月未満の新生児が五人で、一年未満の乳児が二人だった。これで、2007年からの十二年間の累計で百四十四人が預けられたことになる。

慈恵病院の取り組みで、筆者が見落としていたことがある。病院では預け入れに来た親に対し、できれば思いとどまるよう促していることだ。実の親が養育するに越したことはない。

「こうのとりのゆりかご」の扉のそばに取り付けられたボードには当初、「赤ちゃんに何かを残してあげて」との表示があったが、２００９年１月からは「扉を開ける前に、右側壁のインターホンを鳴らして相談してください」との内容に変更された。さらに２０１３年７月からは、「秘密は守ります」との文言が追加された。病院はできるだけ、預け入れに来た親との接触を試み、預け入れを取りやめるよう説得する構えなのである。

慈恵病院の「ゆりかご」に預け入れられた赤ちゃんは、通告を受けた児童相談所が措置対応する。事後に親が引き取りに現れて身元が判明した場合は、虐待等の恐れがないことが確認できれば元の家庭に戻る。養子縁組もある。

一方、身元が判明しない場合は、一時保護の後、乳児院・児童養護施設に入ることになるが、この場合、やがて十八歳になると施設を出なければならないと蓮田は指摘する。それよりも、里親を経て養子縁組によって「家庭」で養育されるのが望ましい。とりわけ養親との間で唯一の親子関係が結ばれ、安定した環境のもとで育てられる特別養子縁組が最も子どもの幸せにつながる、と蓮田は考えているようだ。

蓮田は前出のＢＬＯＧＯＳのインタビュー記事で慈恵病院が開設している電話での「ＳＯＳ赤ちゃんとお母さんの妊娠相談」にふれ、２００７年から２０１３年11月までの間に、本人や家族を繰り返し説得した結果、出産し自分で育てることになったケースが二百三十五件、特別養子縁組が百九十件、乳児院に預けることになったのが二十八件あり、「合わせて四百五十三人の命が救われました」と明かした。そのうえで、こう直言している。

「先進国では、出産直後から里親に育てられるのが一般的です。もっと国や自治体も含めて、特別養子縁組を推進していく必要があるのではないでしょうか」

慈恵病院と蓮田病院長による「こうのとりのゆりかご」の密度の濃い取り組みについて、日本財団の高橋恵里子は「応援しています」とはっきり言った。高橋もまた、赤ちゃんの生存権が何にも増して優先すると考えるからである。

「『ゆりかご』に入った赤ちゃんは児童相談所が対応することになります。病院は何もできません。しかし、病院が相談を受け、どうしても育てられないという事情がわかった場合は民間の養子縁組あっせん団体を紹介します。これにはたくさんの縁組成立の事例があると知りました」

高橋が聞いたところでは、蓮田はドイツを視察した時、赤ちゃんボックスに預け入れられた子どもは、一定の期間内に実親が名乗り出ないと、自動的に養子縁組になると聞かされた。それで、日本でも同じような展開になると思い込んでしまったという。

「ところが、日本では児童相談所を経由し（新生児は）乳児院に入れられることになると知った蓮田先生は（施設よりも家庭で養育する方がよいとの考えから）心を痛めた。そして、『こうのとりのゆりかご』を生かす最善の方法は特別養子縁組につなげるしかないと思うようになったのです」

慈恵病院が『こうのとりのゆりかご』と併せて、三百六十五日二十四時間無料の妊娠ＳＯＳ電話相談を開設していることについて、高橋は児童福祉に対する病院の姿勢を示すものだと高く評価している。

■不屈の訴え

子どもの命を守るために闘った、忘れてはならない医師が、もう一人いる。

菊田昇。１９２６年、宮城県石巻市生まれ。１９９１年、六十五歳で亡くなった。特別養子縁組制度を柱とする民法などの改正（１９８７年成立）に大きな影響を与えた人物である。

１９７０年代から80年代にかけて、しばしば新聞の見出しになった「赤ちゃんあっせん事件」の当事者として、筆者も「菊田昇」の名前を記憶している。「事件」の経緯をたどるため、当時の新聞記事を参考にした。以下の記述の多くは、1999年9月27日付の毎日新聞朝刊の検証記事「〔追跡〕20世紀　21世紀への伝言　赤ちゃんあっせん事件」、および2003年4月20日付の産経新聞朝刊（東京本社版）・「〔時の絆〕昭和48年（1973）4月20日　赤ちゃんあっせん事件」に依拠している。

1973年4月17日と翌18日、宮城県の地方紙である石巻日日新聞と石巻新聞に小さな広告が掲載された。

「急告！　生まれたばかりの男の赤ちゃんを我が子として育てる方を求む。菊田産婦人科」

この広告は石巻市役所内にある記者クラブで話題になり、何人かの記者が菊田に取材し、記事にしたが、広告に込められた問題の重大性に気付き、4月20日付の朝刊一面トップで大々的に報じたのは毎日新聞だった。

東北大学医学部を卒業した菊田は産婦人科医として東北大学医学部附属病院などに勤務した後、1958年に郷里の石巻市で開業した。やがて、中絶を望む女性があまりにも多く、それに応じて中絶手術を続ける自身の行為に葛藤の念を抱くようになる。例え予期せぬ妊娠であったり、経済的困難があったとしても、赤ちゃんには生きる権利があるのではないか、との思いである。

胎児の中絶は当時、妊娠7カ月まで認められていた。ある日、中絶に訪れた妊娠七カ月の女性が「できれば殺さずに幸せな家庭で育ってほしい」と訴えたことから、菊田は偽の出生証明書を作成し、不妊に悩む夫婦の実子とすることを思い立った。

取材に応じた菊田は、率直に語った。

「私は子捨て、子殺しを防ぎ、赤ちゃんの生命を救うために、違法覚悟で実子あっせんをしてきた。この十年で百人にもなる」

「法律を改正する以外に解決法はない。全国紙で世論を喚起したかった」

毎日新聞の記事は大きな反響を呼び、赤ちゃんあっせんの是非について全国的な議論が沸き起こった。菊田は報道から四日後の参院法務委員会に参考人として出席し、法令違反を率直に認める一方、「赤ちゃんの生命を守るためにも実子特例法を制定するなど立法措置をとってほしい」と訴えた。

世論は概ね、菊田医師の行為に好意的だったが、法務・検察当局は「類似行為が続発すれば、戸籍の信頼性が薄れ、法治国の土台が崩れる恐れがある」ととらえた。「実の親がわからないと、将来、近親結婚の恐れがある」との不安の声もあった。法改正の動きは急速には進まず、医師としての菊田への法的制裁が続いた。

1977年8月、愛知県産婦人科医会が菊田を医師法違反、公正証書原本不実記載・同行使罪で告発。

1978年3月、仙台地検が菊田を略式起訴、仙台簡裁で罰金二十万円の略式命令（罰金刑確定）。

1978年5月、宮城県医師会は菊田の優生保護医指定を取り消す。

1978年10月、菊田は宮城県医師会と国（厚生省）を相手取り、優生保護医指定取り消し処分の撤回と三千万円の損害賠償を求める行政訴訟を仙台地裁に提訴。

1979年6月、厚生省（当時）は菊田に医業停止六カ月の行政処分。菊田は処分取り消しと一千万円の損害賠償を求めて東京地裁に提訴。

赤ちゃんあっせんをめぐる二つの裁判は、最高裁が1988年6月、優生保護医指定取り消し処分の訴訟で菊田の上告を棄却。さらに同年7月には医業停止処分の訴訟でも菊田の上告を棄却し、すべて決着した。菊田は判決について「子どもの生命より法を優先させるもの。今でも私のしたことは間違っていないと確信している」と話していた。

菊田の訴えはいずれも退けられた。最高裁は判決で「医師の職業倫理にも反する」と指摘した。しかし、判決の年に施行された民法などの一部改正によってスタートした特別養子縁組制度は、養親を夫婦に限り、実親との関係を終了させるなど、菊田やその支援者の主張が一部反映されている。「子捨て、子殺しをなくすには、生みの親が戸籍ごとその子を養親に与えることが必要」とした菊田の「実子特例法」の提唱が法律を動かしたといえる。

高橋は、菊田の信念を少しでもより深く理解したいと思い、２０１７年1月、菊田の妻、

夫・菊田昇医師の遺影に寄り添う静江夫人（2017年1月、仙台市の自宅）

静江を仙台市の自宅に訪ねてインタビューしている。その一問一答を抜粋して紹介しよう（全文は日本財団のホームページに掲載）。
インタビューの日から四十年以上前に医師である夫が社会に訴えかけた赤ちゃんのあっせんについて、静江は「診療関係のことは基本的にはノータッチ」だったので、新聞で報道されるまで詳しいことは聞いていなかったという。

――どのようなお気持ちで受け止められていましたか

「『これは大変なことになった』と思いました。それでも、主人が決断したことですし、養子縁組につなげたということは、それだけ赤ちゃんの命が救われたのです。何も間違ったことはしていない、という確信がありました。だからこそ、私は支え続けることができました」

菊田は中絶手術に心を痛め、生みの親の戸籍に残らないで養子縁組ができる「実子特例法」の制定を訴え続けていた。静江によれば、友人・知人の多くが訴えに賛同し、有志による「実子特例法推進委員会」が署名運動を展開したりしたが、当時の医師会には非合法であること、そして中絶の問題を明るみに出したことへの反発が強かった。しかし、菊田の「赤ちゃんあっせん」が公になってからは、全国の妊娠に悩む女性からの相談が相次いだそうだ。

「玄関に赤ちゃんを置き去りにしていく人も現れてしまいました。また（一方で）、子どもを育てたいという方々も集まってこられましたので、面接をして、帳簿にも記録を付けて管理を始めました。医師は菊田一人、あとは七人ほどの看護師さんたち職員が一丸となって対応しておりました。養子縁組が成立したのは、主人が亡くなってからの方が多かったかもしれませんが……」

静江は、医師としての仕事の領域を超えた夫の活動に引き込まれ、パートナーとして支えていくことになった。菊田は１９８６年に大腸がんと診断され、１９９１年に亡くなったが、その後も静江のもとには養子縁組の相談が持ち込まれた。

静江は敬虔なクリスチャンである。まわりには教会関係の協力者が多数いた。静江は、これらの人々はもちろん、千葉や埼玉にいる旧知の産婦人科医に呼びかけ、「赤ちゃんを救う会」という名の団体を立ち上げた。妊娠に悩む人の相談は産婦人科医が、子どもが欲しいという人には教会関係者が対応した。静江は宮城県内の相談者の対応や、役所への届け出や帳簿の記録など事務管理を担当した。一年に十組ほど、養子縁組をつなぐ実績を残した。メンバーは関東と東北に分かれていたが、年に一回は関東地区か仙台市の菊田宅かのいずれかで総会を開いた。

「ときおり、子どもを養子に出した女性が結婚の報告や相談に来られたり、養子を迎えた家族が会いに来てくださったりもしていました」

夫の遺志を継いだ妻と同志たちの奮闘は十七年間続いたが、メンバーの高齢化もあり、「赤ちゃんを救う会」は２０１０年、活動に終止符を打った。しかし、菊田夫妻の信念に基づく取り組みは受け継がれている。

高橋は、医師である夫妻の長男が熊本・慈恵病院の「こうのとりのゆりかご」を訪ねたことを知っていた。高橋がそのことにふれると、静江は息子に代わって話した。

「息子たちは主人がしたことについて多くを語りませんし、活動も継いでおりませんが、何か思うところがあったのだと思います。どのように運営なさっているのか、気になっていたのでしょうか。熊本には私に何も言わず一人で出かけていきました。お目にかかった蓮田太二先生のことを、『とても、とてもお優しい先生だったよ』と感激しておりました」

高橋の心に残ったのは、インタビューの締めくくりに静江が述べたメッセージだった。本質を突いている、と高橋は思った。静江は、とくに特別養子縁組で親になる夫婦に向けて、こう語ったのだ。

「考え方をきちんと確認しておくことが何より大切だと思います。『将来、親の面倒を見てもらう』『病気がある子は育てられない』というような考えではなく、子どものためを考えているかどうかです」

菊田昇と蓮田太二。不屈の精神をもつ二人の医師の事績を学習しつつ、日本財団の高橋らは「ハッピーゆりかごプロジェクト」を推し進めている。

〝脱施設〟論議

■ファミリーホーム

日本財団の「ハッピーゆりかごプロジェクト」には二つの目的がある。思いがけない妊娠などに悩む女性に寄り添い、子どもの命を救うこと。もう一つは、生みの親と暮らすことができない子どもが温かい家庭で育つことができる社会にすることだ。

プロジェクトの背景には、やむを得ない事情があるにせよ、新生児を遺棄して死なせてしまう、あるいは、虐待によって殺してしまう事案が後を絶たない深刻な現実がある。

厚生労働省によると、全国二百十数カ所の児童相談所が児童虐待相談として対応した件数は、1994年度までは年間二千件以下だった。ところが、その後は急ピッチで増え、1999年度は一万件、2001年度は二万件を超え、そして2015年度には十万件の大台を突破し、2018年度は十六万件（速報値）に肉迫する状況になった。

また、子ども虐待による死亡事例（心中による虐待死も含む）の調査では、2003年は二十五人だったが、2006年には百二十六人、2007年には百四十二人とピークに達した。２００９年以降は百人以下で推移しているが、２０１６年度は七十七人、２０１７年度も六十五人と少なくはない。

　このうち心中以外の五十例（五十二人）についてさらに検証すると、虐待を受けた子どもの年齢は０歳が最も多く二十八人と五割以上を占め、その半数の十四人が０カ月児だった。痛ましいデータである。

　日本財団はこのやりきれない現実から目をそらすことなく、さまざまな取り組みをコツコツと続けてきた。いくつかの事例を紹介していく。

　実親と暮らすことができない子どもの養育支援に関し、日本財団の取り組みの原点が１９７１年に始まった全国里親会への助成であることはこの章の最初の方でふれた。養親と違って里親は、預かった子どもとは法的な親子関係はないが、家庭の温かみと愛情を与え得る存在である。子どもとの間の絆を紡ぐことができるのは、「子どもしだい、里親しだい、養親しだい」だと日本財団の担当者たちは言う。

　日本財団は、養親と子どもとの間で唯一の親子関係が結ばれる特別養子縁組を推進している。しかし、同時に里親制度も重要だと考えている。子どもに「家庭」の温かさを提供している里親は数え切れない。里親制度の恩恵は大きいからである。

「里親制度から特別養子縁組までの幅広い枠組みの中で、どれがその子どもの幸せにつながるかを考えてみよう」

それが、日本財団公益事業部のチームリーダーとして「ハッピーゆりかごプロジェクト」を担当する高橋恵里子が立てた方針だった。

「私の前任者は、里親に関するプロジェクトに熱心に取り組んでいました」と高橋は振り返った。その一つが、「ファミリーホーム」の開設支援である。

ファミリーホームとは、経験豊かな里親が五～六人の子どもを受託し、子ども同士のふれ合いによって人間性・社会性を育みながら養育する小規模住居型の児童養育事業を指す。2009年の児童福祉法改正で子育て支援事業として法的に位置付けられた。

日本では要保護児童約四万五千人の八割以上が養護施設などで暮らしており、欧米に比べて里親や養親の家庭で暮らす児童の比率が極めて低い。その意味で、安心・安全と家族の温かみを子どもに提供できる里親家庭とその拡大版といえるファミリーホームの長所はもっと評価されていい。

そこで日本財団は2009年から、里親家庭とNPOなどが運営するファミリーホームを対象に、玄関や居室、台所、トイレなどの機能を充実させるリフォームに助成金（上限はファミリーホームが三百万円、里親家庭が百万円）を出す事業を始めた。２０１０年度は介護や障害者の就労支援など社会福祉関係のＮＰＯなども対象に含めて募集したプロジェクトとなり、２０１０年７月に計三百六十六件、総額十一億千四十五万円の助成先を発表した。

このうち里親家庭とファミリーホームは百二件（累計では二百五十八件）にのぼった。日本財団が２０１３年５月に立ち上げた「ハッピーゆりかごプロジェクト」は、このような里親家庭づくりの経験が土台となっている。

■ゆりかご助成金

新たに何を始めたらいいのか。

そのポイントを探るため、高橋は熊本市の慈恵病院を訪れ、新生児を預け入れることができる「こうのとりのゆりかご」の取り組みについて徹底的に調べた。民間の養子縁組あっせん団体や児童虐待予防団体なども訪ね歩いた。

それらと並行し、シンポジウムや研究会、さらに養子縁組の啓発イベントなどをかなり頻繁に開催している。
プロジェクトの初期のころ、2013～15年の主な動きを抜き出してみよう。
▽2013年5月、シンポジウム「すべての赤ちゃんに愛情と家庭を～虐待死から赤ちゃんを救い子どものパーマネンシーを育む特別養子縁組とは」を開催。同時に、養子縁組希望者説明会と児童相談所向けに養子縁組実務講座を開いた。
（注＝パーマネンシーとは、親に育てられない要保護の子どもが、施設でもない、単なる里親でもない、「恒久的な家庭」で育てられることを意味する）
▽同年10月、「社会的養護と特別養子縁組研究会」を発足させる。研究会は2014年3月まで全六回開催した（第四回は公開）。
▽同年12月、特別養子縁組を考える国際シンポジウム「赤ちゃんがあたたかい家庭で育つ社会を目指して」を開催。
▽2014年1月、公開研究会「こうのとりのゆりかごと24時間妊娠SOS」開催。慈恵病院の蓮田太二病院長兼理事長が講演。
▽同年4月、4月4日を「養子の日」と定め、養子の啓発のためのイベント実施。特別養子縁組推進月間記念シンポジウム「新しい家族のあり方について皆で考えよう」を開催。

▽同年9月、「子ども（ネットで多数）虐待防止世界会議　名古屋」で、日本財団協賛セッション「乳幼児期の施設養育がもたらす子どもの発達への影響について～チャウシェスクの子どもたち〝ブカレスト早期介入プロジェクト（ＢＥＩＰ）からの教訓〟」を開催。「ハッピーゆりかごプロジェクト」は、むろん、こうしたシンポジウムや研究会を企画して開催するだけでなく、日本財団の本領といえる助成事業にも着手した。２０１４年6月、養子縁組に関する事業を対象に募集を始めた「ゆりかご助成金」である。四カ月後の10月には助成先が決まった。

「命をつなぐゆりかご」（埼玉県川口市）、「家庭養護促進協会」（大阪市）、「日本国際社会事業団」（東京都文京区）――の三団体である。助成総額は二千五十万円。

「命をつなぐゆりかご」は、「こうのとりのゆりかご」で知られるようになった慈恵病院と協力して養子縁組の成立を実践している。２０１４年は4～6月の三カ月だけで七百十二件と前年同期の三倍近い相談が殺到した。助成金は特別養子縁組の周知啓発や業務の質の向上などにあてられた。例えば、これまでにあっせんした養子縁組についての情報を手書きからデータベース化して保管するための費用などである。助成額は八百八十二万円（２０１５年度も同額の助成を受けた）。

「家庭養護促進協会」は1960年、神戸市で実験的に試みられた「家庭養護寮」をルーツとする児童福祉団体である（公益社団法人としての認可は1964年）。家庭養護寮には里親がいて、要保護児童五〜六人を地域の一般家庭で養育する。前出のファミリーホームとほぼ同じといえる。協会はこの「家庭養護寮」を普及・発展させようと活動を続けている。また、大阪や神戸で、新聞やラジオの協力を得て、里親を求めている児童を個別に、具体的に紹介する「愛の手運動」を展開している。大阪府では子どもへの虐待の通報件数がとりわけ多く、乳児院は満員状態だ。にもかかわらず、里親委託率は低い。そこで、助成金（七百九十六万円）を活用し、機器の整備や周知啓発活動のパワーアップを図った。

「日本国際社会事業団」は、在日米軍の軍人と日本人女性の間に生まれた子どものための養子縁組事業に取り組んだ日米孤児救済合同委員会が前身である。

特別養子縁組を進めていくうえで、自らの出自に対する子どもの知る権利の扱いなど未整備の問題が多数ある。少なくとも、養子になった子どもが成長した時に自らのルーツをたどるためのガイドラインづくりが必要ではないか。そこで、先進的に養子縁組に取り組んでいる英国での実態調査などによって、日本の養子縁組のあり方を探りたいと助成を求めた。助成額は三百七十二万円であった。

■官民の役割分担

日本財団の「ハッピーゆりかごプロジェクト」が開催するシンポジウムや研究会には、養子縁組にかかわる問題を担当する国（厚生労働省子ども家庭局）や地方自治体（児童相談所など）の児童福祉司、そして民間の養子縁組あっせん団体やＮＰＯ法人の幹部・スタッフらが集まってくる。

プロジェクトを担当する高橋恵里子は最初のころ、そうした官民の人々が意見を交わし、「協力できるところは協力する関係」が構築できるかどうか、不安に思っていた。

「例えば、児童相談所と民間の養子縁組あっせん事業者は一般的に交流などしていなかったようです。民間事業者はそれぞれ、養子縁組についての独自の理念をもっていて、互いに意見を交換し合うような機会はあまりなかった。日本財団という広場に集まっても、どうなるかなと思っていました」

ところが、メディアが予想以上にやってきて、この問題に関心をもつ人々が多いことがわかった。里親や養子縁組という共通の大きなテーマを抱えた人と人が出会うことによって、ごく自然に情報交換が行われ、議論が始まったのである。

2016年6月9日、日本財団は大阪府、およびNPO法人「キーアセット」（本部・東大阪市）と連携し、「はぐくみホーム」（大阪府が定めた養育里親家庭の名称）による家庭養育事業の構築プロジェクトについて、三者による協定を締結した。さしあたっての助成額は千五百万円であった。これにより、官民連携の共同プロジェクトが動きだした。

大阪府は里親に関する事業の民間委託に積極的な姿勢を示す自治体である。一方、キーアセットは里親養育の質の向上を目指して活動するNPO法人で、それまでに東京都の立川児童相談所や小平児童相談所、神奈川県川崎市、さらに大阪府、そして堺市の里親支援機関事業を受託してきた実績があった。そして、日本財団には、民間のNPOと役所の間の橋渡しを幾度となく務めてきた社会貢献団体としての経験がある。

日本財団の発表資料によれば、「日本財団×キーアセット×大阪府」による共同プロジェクト「里親養育促進事業」の目的は、社会的養護が必要な児童が安心して生活できる里親の登録数をさらに増やし、里親支援の充実によって新たな里親養育体制を構築することである。高橋が噛み砕いて説明してくれた。

「要するに、それまで児童相談所がやっていた里親の募集、里親と里子のマッチング、里親委託後のケアなどが民間に委託されたということです」

高橋によれば、里親家庭が抱える問題に丁寧に対応しようとすると非常に時間がかかる。しかし、児童相談所の職員はさまざまな業務を抱えていて、里親の悩みには十分に対応することができなかった。

「里親にしてみれば、児童相談所の職員はやはりお役人だからという意識があり、悩みをざっくばらんには打ち明けられない。だけど、民間のスタッフなら言いやすい……。これだけでも、里親・里子のマッチングは向上する」

共同プロジェクトによって、児童相談所は民間の里親教育機関と役割を分担し、より効果的に子どもたちをサポートできることになった。大阪府は府内にある六つの児童相談所のすべてに民間のフォスタリング（里親支援）機関を配置することにした。里親受託率の向上を目指す、他の都道府県にはない思い切った措置であった。

共同プロジェクトは三者で定期的に開催する連絡会議でモデル事業の課題や成果を検証し、この包括的な里親養育制度による家庭養育事業が全国に広がることを目指した。日本財団の助成金は２０１８年度までの三カ年で四千五百万円にのぼった。

■ハブとしての機能

この官民連携の共同プロジェクトがスタートする直前の2016年6月3日、児童福祉法の一部を改正する法律が公布されている。「ハッピーゆりかごプロジェクト」を進めている高橋恵里子にとっては待望の大きな動きだった。

法改正のポイントを説明しよう。

改正児童福祉法の第3条の2に次の内容が規定されている。回りくどい言い回しで読みづらい条文だが、引用してみよう。

①国及び地方公共団体は、児童が「家庭」において心身ともに健やかに養育されるよう、児童の保護者を支援することとする。

②ただし、児童を家庭において養育することが困難であり又は適当でない場合は、児童が「家庭における養育環境と同様の養育環境」において継続的に養育されるよう、また、児童を家庭及び当該養育環境において養育することが適当でない場合は、児童ができる限り「良好な家庭的環境」において養育されるよう、必要な措置を講ずることとする。

なお、「家庭」とは、実父母や親族等を養育者とする環境を、「家庭における養育環境と同様の養育環境」とは、養子縁組による家庭、里親家庭、ファミリーホーム（小規模住居型児童養育事業）を、「良好な家庭的環境」とは、施設のうち小規模で家庭に近い環境（小規模グループケアやグループホーム等）を指す。

改正法にはまた、里親支援と養子縁組に関する支援を「都道府県（児童相談所）の業務として位置付けることとする」との規定がさらりと書かれていた。

法律の条文は、字面を読み流しているとその重要性に気付かないことが多いが、この規定がもつ意味は大きかった。

改正について日本財団は「適切な養育を受ける子どもの権利が最優先されるよう、児童福祉法の理念が初めて書き替えられた大改定」と受けとめている。「ハッピーゆりかごプロジェクト」のリーダー、高橋恵里子はこう話した。

「里親と養子縁組を適切に推進させることを児童相談所が取り組むべき業務であると明記したこと、そして、子どもが実親の家庭で養育されることが難しい場合は、里親か養子縁組で育てるようにするのが国・地方自治体の責務であると踏み込んで規定したことに、大きな意味があります」

改正児童福祉法は、「日本財団×キーアセット×大阪府」による共同プロジェクトにとっても追い風となった。しかし、重要なことは、国・自治体に責任を丸投げすることではなく、民間もまた、目指す社会への役割を分担することだろう。

幅広い分野で社会貢献活動を続け、役所との付き合いが長い日本財団は、官と民を結びつけるハブ（中軸）の役割を果たしている。それだけでなく、社会が必要とするなら、政治を動かす機能を担うことになる。

舞台裏の話になるが、この児童福祉法の改正に関する要望・陳情で、高橋は厚生労働行政を熟知し、厚労相も務めた自民党の塩崎恭久《やすひさ》（厚労相在任は2014年9月～17年8月）に少なくとも十回は会っている。塩崎の方から高橋に電話をかけてくることも珍しくなかったという。

日本財団はかねてから、養子縁組に関する法の未整備を指摘し、「国が養子縁組に取り組むべきだとする法律をつくるべきだ」と訴えていた。2015年2月には会長の笹川陽平が自ら厚労省に乗り込み、塩崎厚労相に「養子縁組推進法にかかる要望書」を手渡したこともあった。

塩崎はむろん、要望に即答で約束したわけではない。しかし、高橋の見るところ、政策通である塩崎は問題の本質をよく理解していて、養子縁組で先進的な取り組みだった「愛知方式」の現場にも自ら足を運ぶなど課題を正面から受け止めていた。

政府提出の改正児童福祉法の法案が上程された２０１６年の第百九十回通常国会（会期は1月4日から6月1日までの百五十日間）では、保育所の待機児童問題がきっかけで審議が紛糾し、一時は法案成立が危ぶまれたが、野党の民進党（当時）も法案の重大性を認識し、審議と成立を求める日本財団の陳情を受け止めた。法案は衆議院での議決を経て会期末ぎりぎりの２０１６年5月27日、参議院本会議において全会一致で可決し、成立した。

日本財団の政治力というより、正論は政治を動かすということだ。正論を発信し続けること。それは、ハブである日本財団に求められる機能の一つである。

■里親のリクルート

高橋恵里子の手元に「ハッピーゆりかごプロジェクトのあゆみ」と題した一覧表がある。プロジェクトが取り組んだシンポジウムや研究会、研修会、イベントなどを時系列で列記した手控えだ。

それをながめていて、気付いたことがある。プロジェクトが始まって最初の二〜三年は「特別養子縁組」という文言が目立った。

▽「子どものパーマネンシーを育む特別養子縁組とは」（2013年5月）

▽「社会的養護と特別養子縁組研究会を発足」（同年10月）

▽「特別養子縁組を考える国際シンポジウム」（同年12月）

▽新しい家族のあり方について皆で考えよう「特別養子縁組推進月間記念シンポジウム」（2014年4月）

ところが、やがて目立つようになったのが、「里親」である。

▽「『里親』意向に関する意識・実態調査」発表（2018年1月）

▽「里親啓発のためのフォスタリングマーク発表」（同年6月）

▽「『里親』に関する意識・実態調査　報告書」公開（2019年5月）……

などである。

高橋と話をしていても、「里親」ないしは「フォスタリング（里親支援）機関」という文言が頻繁に使われるようになった。

本章のテーマは「特別養子縁組という方法」である。さまざまな事情から生みの親と暮らせない子どもの幸せは施設養護よりも「家庭」での養育によってもたらされる。そして、特別養子縁組が望ましい結果をもたらす一つの手立てであることは、多くの事例が物語っている。

しかし、日本財団は、何がなんでも特別養子縁組だけを推し進めようとは考えていない。また、特別養子縁組から里親に切り替えたわけでもない、と高橋は言った。

高橋によれば、里親も特別養子縁組も、子どもを「家庭」で養育する点では共通している。特別養子縁組が理想に近い方法であるにしても、さしあたっては子どもを受け入れる「家庭」の数を増やすことが急務だ。「ハッピーゆりかごプロジェクト」は、この現実を見据えつつ進行している。

里親について、改めて説明する。

里親には「親族里親」のほか、障害があったり虐待を受けるなどで専門的ケアを必要とする子どもを預かる「専門里親」がある。

一般的な「養育里親」になるには、養育についての理解と熱意、子どもに対する愛情をもっていればよい。特別な資格は必要としない。児童相談所に登録し、研修・実習を受け、児童福祉審議会の審査を経て登録された後、子どもの委託を受ける機会を待つことになる。

里親は、基本的には要保護児童が実親のもとで暮らすことができるようになるまで、もしくは十八歳になって自立するまで預かって養育する責務を負う。実親による養育が困難なケースは少なくない。子どもの養育に里親が果たす役割は大きい。

全国里親会によれば、養育期間は数週間から一年以内の短期間もあるが、場合によっては成人になるまでの長い期間、委託を続けるケースもあるという。

養育里親には月額八万六千円（二人目以降は四万三千円）の里親手当のほか、一般生活費（食費、被服費など）として五万八百円（乳児は五万八千五百七十円）、さらに幼稚園費や教育費、入進学支度金、医療費などが支給される。里親の経済的負担を軽減する公的支援は基本的には整っている。

厚生労働省子ども家庭局家庭福祉課が２０１９年４月にまとめた「社会的養護の現状」の調査集計によれば、保護者のいない子どもや被虐待児など家庭環境上で社会的養護を必要とする子どもは約四万五千人。このうち三万七千四百九十六人が乳児院や児童養護施設などで暮らしている。

これに対し、里親に委託されている子どもは五千四百二十四人（2018年3月末現在）である。一方で、特別養子縁組の成立件数を調べてみると、2018年の速報値でわずか六百二十四件だ。家庭で養育されている子どもの数でいうなら、養子制度が広く浸透している欧米諸国と比較すると、日本は話にならないほど少ない。

しかし、見落としてはならないのは、登録里親数には一般的な養育里親のほかに、養子縁組を希望して里親として登録し、子どもの委託を受けることを目指す養子縁組里親が含まれていることだ。その登録里親数は三千七百八十一世帯と養育里親（九千五百九十二世帯）に次いで多い。残念なことに、養育里親では三分の一以上が子どもの委託を受けているのに、養子縁組里親は登録の十分の一以下の二百九十九世帯（二百九十九人）にすぎない。

里親が増えれば子どもたちの幸せをもたらす「家庭」が増える。里親はまた、養子縁組にもつながっている。里親をリクルートし、支えていく体制づくりは、「ハッピーゆりかごプロジェクト」に与えられた大きな課題だった。

■フォスタリング機関

２０１７年8月、厚生労働省が発表した「新しい社会的養育ビジョン」は、２０２０年までに里親養育を推進するための包括的な「フォスタリング（里親支援）機関」をすべての都道府県で整備することを目標に掲げた。

官民連携のハブを自任する日本財団は、むろん、このビジョンに呼応した。「社会的養護を必要とする子どもたちが温かな家庭で健やかに育つ社会」づくりのために、里親のリクルート、研修、支援など包括的な業務を行うフォスタリング機関の立ち上げを目的とした助成である。日本財団がその年の12月下旬に発表した助成申請の募集には対象となった公益財団（社団）法人や社会福祉法人、ＮＰＯ法人など多数の団体が応募している。

審査の結果、２０１７～19年度の助成先に選ばれたのは、長野、三重、大阪、福岡など八府県の児童養護施設や乳児院（併設含む）など十団体で、助成総額は一億三千八百七十五万円にのぼった。

ここで、根本的な疑問が浮かぶ。

日本財団の「ハッピーゆりかごプロジェクト」は、生みの親が養育できない子どもに幸せをもたらすには施設養護よりも〝脱施設〟の方が望ましいと考えている。その一環としての助成であったはずである。ところが、助成先に選ばれたのは既存の児童養護施設や乳児院だった。なぜだろう。その答えは、助成を受けた施設側の取り組み姿勢にあった。

例えば、２０１７～19年度に計三千二百七十一万円の助成を受けた「うえだみなみ乳児院」（長野県上田市）の場合、従来の乳児院としての機能に加えて、「施設から家庭の暮らしへ」を目標に掲げ、養育里親を募集する取り組みを始めた。「０歳～２歳児の赤ちゃんを数日から数カ月、自宅で預かることに興味がある人はいませんか」と呼びかけ、里親登録してもらう活動である。

同乳児院は養子縁組あっせん業者ではない。しかし、児童相談所や民間の養子縁組あっせん業者と連携し、特別養子縁組のつなぎ役は務めるという。

日本財団の助成を受けた各施設は、里親のリクルートや里親希望者の事前評価、里親家庭と子ども（里子）のマッチング、さらには里親の研修なども行っている。とくに里親のリクルートには熱心で、市内の町内会を訪れ、作成した「里親募集」のチラシを回覧板と一緒に配ってもらえるよう頼んだり、郵便局に里親募集ブースを設けて説明に出向く活動も展開している。

２０１８～19年度に助成を受けた「高鷲学園」（大阪府羽曳野市）の起源は戦後すぐに設けられた戦災孤児の保護・育成施設である。施設の定員は八十二人。スタッフには三十人の児童指導員・保育士のほか心理士、看護師、そして里親支援専門相談員らも擁する。ホームページにある「施設長のあいさつ」には施設側の役割について、こう書かれていた。「いま、児童養護施設をめぐっては、施設の規模を小さくして地域に少人数で暮らせるグループホームを作る動きと、施設での養育より里親さんによる養育の方に変えていこうという動きが大きくなっています」

児童養護施設や乳児院では、すでに従来のあり方にとらわれない施設の多機能化の動きが起きていた。日本財団の助成は、こうした施設側による里親向けの研修の実施など人材育成と、包括的な業務を行うフォスタリング機関の立ち上げを促す狙いがあったのだ。

■ハリー・ポッター効果

英国の国際ＮＧＯ「ルーモス」の代表、ジョルジェット・ムルヘアは、極めて明快に結論を語った。

「子どもを施設で育てることは不適切なだけでなく、コストが高い」

米ＴＩＭＥ誌の「世界で最も影響力のあるソーシャルワーカー三十人」の一人に選ばれたこともあるこの世界的な女性活動家は、具体的な数字も挙げて論証した。

「ルーモスの事例でいえば、乳児院で養育することに比べると、短期里親ケアにかかる費用は三割ほど安く、地域ベースでの家庭支援サービスなら二十分の一までコストを削減できたケースもあった」

ジョルジェット・ムルヘア

それゆえに、やむを得ない事情によって生みの親が育てられない子どもの養育は、子どもの幸せを考えれば施設よりも（養子縁組や里親の）家庭が望ましい、とムルヘアは言う。

日本財団の高橋恵里子が衝撃を受けたように感じたムルヘアの指摘は、２０１５年６月８日、東京・港区の日本財団ビルで開催されたシンポジウム「子どもが家庭で暮らす社会に向けての道しるべ～中央・東ヨーロッパの実例から」での特別講演での一コマである。シンポジウムは高橋らの「ハッピーゆりかごプロジェクト」が企画したのだが、ルーモスとの共催にしたのがミソだった。

ルーモスは世界中でベストセラーとなったファンタジー小説『ハリー・ポッター』の著者、J・K・ローリングが2005年に創設したNGOである。シンポジウムに子育てや教育関係団体の関係者や国会議員ら約百四十人が詰めかけたのは〝ハリー・ポッター効果〟といえるかもしれない。

ローリングはかつて冷戦終結後の東欧を旅した時、孤児院を訪れ、子どもたちが劣悪な生活環境に置かれているのを見て強いショックを受けた。とくにルーマニアはひどかった。

1989年まで二十四年間続いたニコラエ・チャウシェスクによる独裁政権の崩壊後、ルーマニアはそれまでの人口増政策のあおりで街中に子どもがあふれかえる事態となっていた。西欧諸国の家庭に養子として引き取られた子もいたが、児童養護施設には十万人の子どもが収容されていたともいわれる。

ローリングの個人的体験がきっかけで生まれたルーモスは、社会的養護を必要とする子どもたちが、施設ではなく家庭で暮らすための体制づくりを目的とした。将来的には孤児院を含む施設をなくす運動といっていい。当面は中央・東ヨーロッパで、子どもが実親のもとで暮らし続けるための仕組みづくりや里親など家庭養護への移行、あるいは家族再統合の促進によって家庭で暮らす子どもの数を増やす支援を実施してきた。その結果、多くの養護施設が母子の支援施設や保育園、里親支援組織などに機能転換している。

ルーモスは活動の輪をハイチやカンボジアなどにも広げ、２０５０年までに世界中のすべての子どもが家庭で暮らせるようになる目標を掲げている。

ムルヘアはルーマニアで、「どうしたら孤児院をなくすことができるか」という児童養護政策を掲げるＮＧＯのメンバーとして働いた経験がある。民主化後、欧州連合（ＥＵ）への加盟を目指していたルーマニア政府は、ＥＵが加盟条件とする児童養護の脱施設化（大規模から小規模施設へ）に躍起となり、国際ＮＧＯの力を必要としていた。そして、ムルヘアの卓抜した手腕に目を付けたローリングが、ルーモスの創設にあたってムルヘアを引き抜いたのだった。

東京での特別講演で、ムルヘアはＮＧＯとして仕事を始めたころに英国の「子どもホーム」で経験したことを語った。その施設は子ども六人に対してスタッフが三人もいる体制で、養護の質は高いとの評価を受けていた。しかし、その成果、つまり、子どもが十八歳になって施設を出た時に社会に適応できる能力は決して高いものではなかった。

「スタッフがいくら優秀で熱心でも、設備がいくら良くても、スタッフは勤務のシフトが終われば帰宅してしまう。家庭とは違う」

とくに脳が未成熟な二歳未満の赤ちゃんの場合は、家庭でしか味わえない安心感や刺激、そして絆が必要不可欠なのだ、とムルヘアは強調するのだった。

ムルヘアはまた、脱施設の取り組みは既存施設の人員整理を意味しないとも言った。既存施設のスタッフには「家庭支援」に向けてトレーニングを受け直してもらい、新たな役割を担ってもらうことを意味するという。

ムルヘアの特別講演は、問題解決への道筋を示していた。中でも、「脱施設」、あるいは施設の機能転換の発想は、子どもにより良い養育環境を提供する手立てだけでなく、社会全体が負担するコストを削減する、あるいはコストを官民が分かち合おうとの問題意識を喚起していた。日本財団の「ハッピーゆりかごプロジェクト」が目指す方向と重なり合う部分が多いと筆者は受け止めた。高橋もムルヘアの意見に共感を覚えているはずである。

ところが、高橋は「脱施設」については、思いのほか慎重、というより冷静に考えているようだった。確かに、子どもには、少なくとも緊急避難的な場所としての施設は必要だ。

取材の締めくくりにあたって、高橋は「私たちの考え方を正確に理解してほしい」と言い、次のように語った。

「プロジェクトの目的は、子どもの幸せを保障する手立てです。繰り返しますが、日本財団は何がなんでも特別養子縁組だけを推進しようとしているのではありません。施設はすべて不要だと言っているわけでもない。大事なのは、『家庭』です。特別養子縁組の家庭がベストだという子どもがいれば、里親家庭がぴったりだという子どももいます。施設の方が暮らしやすいと感じる子どももいるのです」

ただし、一つだけはっきりしているのは、乳幼児にとっては、施設はマイナス面が多く、特別養子縁組や里親の家庭で養育するのが望ましいと高橋は言い、こう締めくくった。

「今の日本は、施設養育の子どもが多すぎます。これは何とかしなければなりません。養子、里親、そして施設……。どれが合っているか、子どもに選択肢を与えてあげることはできないでしょうか。何らかの理由で生みの親と暮らすことができない子どものために、代わりの親と家庭を探す。それが、国や社会の役割だと思います」

あくまで日本の実情にあったやり方で、子どもの幸せのためのより良い手立てを追求する取り組みが続く。

◇社会的コスト・その2

日本財団は2018年1月にまとめた「子どもの家庭養育のコスト構造に関する調査報告書」で、国全体の乳児院、児童養護施設、ファミリーホーム、里親の措置費等の子ども一人当たりの年間予算額を、東京都の措置先別一人当たりの年間予算をもとに算出した。

それによると、東京都の場合、子ども一人当たりの年間予算は児童養護施設が四百七十六万円、乳児院六百八十一万円、ファミリーホーム二百八十四万円、里親養育百八十二万円（一万円以下は切り捨て）だった。言うまでもなく、養子縁組の場合は公費負担ゼロである。

大阪府についても試算を行ったところ、児童養護施設が四百五十三万円、乳児院千二十万円、ファミリーホーム三百五十二万円、里親養育百四十三万円であった。

仮に出生から三年間は乳児院にいて、三歳から十八歳になるまでの十五年間を児童養護施設で暮らしたとすると、東京都の場合は九千百八十

子ども一人当たりの家庭養育と施設養育のコスト（年間）

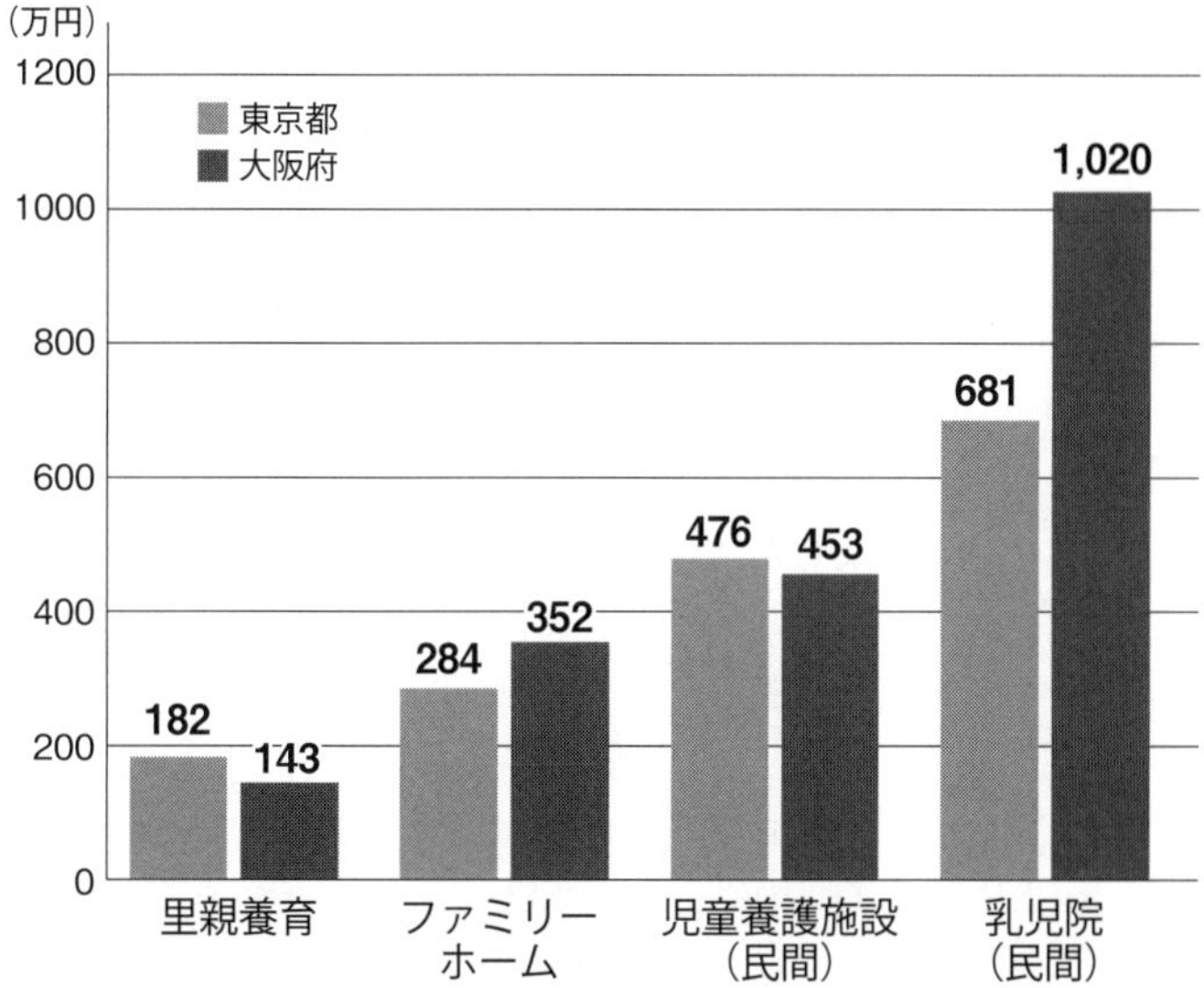

日本財団「子どもの家庭養育のコスト構造に関する調査報告書」(2018年1月)から

三万円、大阪府の場合は九千八百五十五万円の公費負担となる。

これに対し、里親養育の公費負担は十八年間で東京都が三千二百七十六万円、大阪府は二千五百七十四万円との計算になる。

熊本市の慈恵病院の蓮田太二院長はかつて「0歳から十八歳まで、乳児院、児童養護施設で育った場合、費用は県立（施設）で一億千五百二十万円、民間でも七千六百八十万円かかるとの試算がある」（2014年1月20日、ニュースサイトBLOGOS）と発言していた。日本財団の試算と大きな差がない数字である。

すでに述べたが、英国の国際NGO「ルーモス」の代表、ジョルジェット・ムルヘアも「乳児院で養育することに比べると、短期里親ケアにかかる費用は三割ほど安く、地域ベースでの家庭支援サービスなら二十分の一までコストを削減できたケースもあった」と発言していた。こうした社会的コスト削減の意味合いについても、もっと議論が深まっていいのではないか。

第3章

鳥取発の地方創生

全国〝最少〟県の戦略

■知事のダジャレと意地

過疎地の代名詞のようにいわれる鳥取県の平井伸治知事（1961年生まれ）は〝ダジャレの名手〟として知られる。数ある名（迷）作の中でも最もうけたのは、

「スタバはないけど、スナバ（砂場）はある」

2012年9月、テレビ局の取材に答えてのコメントであった。

世界中に展開しているコーヒー店「スターバックス」が2013年、鳥取県西隣の島根県での第一号店を松江市にオープンすることになった。すると、鳥取県は日本で唯一、スターバックスが出店されていない県になってしまう……。この状況を逆手にとってスタバを揶揄した鳥取県知事のアドリブである。「スナバ」とは、言うまでもなく、鳥取大砂丘のことだ。

その砂丘をPRするためにアラブの衣装をまとって「砂丘からサンキュー」と叫んだり、福井県の越前ガニにも負けない鳥取県の松葉ガニを売り込もうと、カニの絵柄がいっぱい

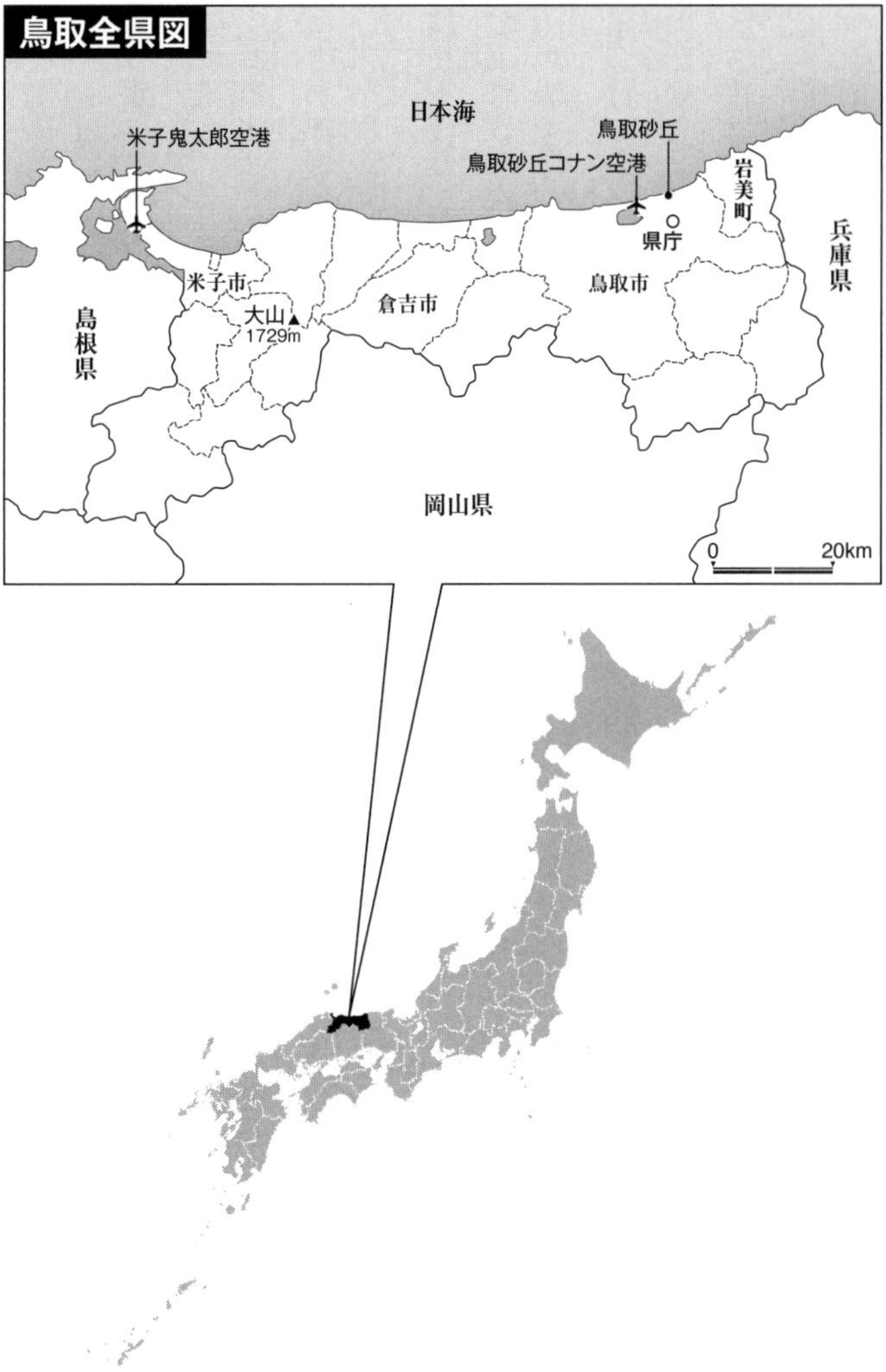
鳥取全県図
日本海
米子鬼太郎空港
鳥取砂丘
鳥取砂丘コナン空港
岩美町
県庁
兵庫県
米子市
鳥取市
倉吉市
大山
1729m
島根県
岡山県
0
20km

入ったハッピを着て、「ウェルカニ」と指でハサミをつくってみせたりする。ダジャレとパフォーマンスの例を挙げればきりがない。それは、県民がわが鳥取の可能性を見出し、県の活力につながっていくのなら、知事は喜んでピエロになる、と本気で考えた末の行動なのだ。

「スナバ」は単なるダジャレにとどまらなかった。

「ポケモンGO」は若者の間で爆発的な人気を呼んだスマートフォン向けの位置情報ゲームアプリである。現実世界そのものを舞台として、キャラクターのポケットモンスターを捕まえたり、育成したり、交換したりするといった体験をすることができるゲームだ。やってみれば、誰でも夢中になる。

この「ポケモンGO」の日本での配信開始がいつになるかと注目を集めていた2016年7月のこと。平井はインターネット上で話題になっている噂を知った。

「どうも鳥取砂丘でポケモンが多く見つかっているらしい」

平井は現場に行って「ポケモンGO」をやってみた。確かに、砂丘にはポケモンがいっぱいいる。

鳥取砂丘は東西十六キロメートル、南北二・四キロメートル。そんな広大な「スナバ」は、

第３章　鳥取発の地方創生

日本海を背景に広がる鳥取砂丘（2019年10月）

人気ゲームを楽しめる全国でも珍しいフィールドになるはずだ、と平井はひらめいた。「ポケモンＧＯ」の日本での配信が始まって三日後の7月25日、鳥取県は「鳥取砂丘スナホ・ゲーム解放区宣言」を表明した。「スナホ」は、砂（スナ）とスマートフォン（スマホ）を掛け合わせた造語だ。

宣言のインパクトは大きかった。関西から、東京から、スマホを手にした若者たちがスナバを目指してやってきた。夜中まで観光客が途切れなくなり、安全のために砂丘入り口の階段に急きょＬＥＤ照明が取り付けられたそうだ。鳥取砂丘には「スナホ・ゲーム解放区」という魅力が加味され、新しい観光地になった。これも「スナバ」効果の一つである。

平井は自著『小さくても勝てる〜「砂丘の国」のポジティブ戦略』（中央公論新社「中公新書ラクレ」２０１6年発行）のまえがきで、「スナバ」についてこう語っている。

「苦し紛れに口にした一言のように思われるかもしれないが、この〝短いフレーズ〟には、私がずっと取り組んできた問題解決のエッセンスを含めているのである」

鳥取県の人口は五十五万四千五百人（２０２0年2月1日現在の推計）で四十七都道府県中、最下位である。県内総生産でも全国で最も少ない。２０１9年度の予算額は三千四百九十五億円。これも最少額である。

それでも、県としてはやりたいことがある。高齢者が元気に暮らせる、障害者がやりがいのある仕事に就いている、若者の流出を食い止める、そんな社会づくりであった。

平井は知事になって間もないころ、企業を鳥取に呼び込むためにトップセールスをしていて、忘れられない経験をした。

「行く会社、行く会社で、丁重ながらも鼻であしらわれているような感覚をおぼえた。言葉には出さないが、なんで鳥取県のようなところに、うちの会社の事業拠点を出せと求めるのか、という気持ちが顔に書いてあるのがわかる……」（前出の『小さくても勝てる』）

「ない」ことばかりを嘆いていては生き残れない。「ある」ものを活用すれば勝ち残れる。スナバ発言には弱小県の知事の意地が込められていたのだろう。

平井伸治は東京大学法学部卒。１９８４年に自治省（現総務省）に入り、２００７年に総務省を退職するまで官僚畑を歩いてきた。その間、兵庫県や福井県に出向した経験がある。鳥取県では総務部長（１９９９年7月～２００１年6月）、さらに副知事（２００１年6月～05年３月）を務めた。折り紙付きの官僚出身で、地方行政に精通した実務家といえる。

鳥取県知事選に初当選したのが２００７年4月。四十五歳と若かった。そして、２０１

9年4月には四選を果たしている。東京・神田の生まれというちゃきちゃきの江戸っ子ではあるが、鳥取には縁があった。

以上のプロフィルを頭に浮かべながら、平井伸治・鳥取県知事にインタビュー（2019年10月18日）した。聞きたかったのは、進行中の壮大なプロジェクトについてだ。《鳥取県×日本財団共同プロジェクト「みんなでつくる〝暮らし日本一〟の鳥取県」》

日本財団が都道府県レベルの自治体とスクラムを組んだ前例のない取り組みである。

■掛け声だけでは意味がない

少子高齢化、人口流出、駅前のシャッター通り……。地方が置かれている厳しい状況が論議されるようになって久しい。しかし、現状を打破する処方箋はなかなか出来上がらない。史上最長の政権となった安倍政権も最優先課題の一つは「地方創生」であった。しかし、このテーマはあまりにも大きく、多岐にわたっている。理念ばかりが先行した点は否めない。

鳥取県知事の平井が県政顧問の山田憲典（山崎製パン最高顧問）を通じ、「日本財団の

地方創生について語る鳥取県の平井伸治知事（2019年10月、鳥取県・東京本部）

笹川陽平会長が鳥取県の取り組みに興味をもっているようだ」との情報を得たのは2015年4月の知事選を経て、三期目に入って間もないころだった。
2007年に県政を担って以来、平井は自分なりに地域活性化の政策を打ち出していた。その一部を列記してみよう。

2010年9月　子育て王国とっとり建国記念イベント開催
2011年8月　鳥取県雇用創造一万人推進会議を招集
2012年10月　米子~羽田便一日六便化実現
2013年10月　全国初の「手話言語条例」制定
2014年3月　鳥取~羽田便一日五便化実現
「子育て王国とっとり条例」制定

平井にとって、日本財団会長の笹川に会うのは願ってもないことだった。平井が思うに、笹川には「地方創生を推進しようというのなら、まず実証モデルをつくらないといけない」との考えがあり、鳥取県の取り組みに関心をもっていると聞いていたからだ。実証モデルはいくつか提示できるし、議論が噛み合うのではないかと平井は期待していた。

２０１５年６月４日、鳥取県知事と日本財団会長の会談が東京・港区の日本財団ビルで行われた。鳥取県側は県政顧問の山田（前出）と担当の局長ら、日本財団側は理事長の尾形武寿のほか担当の常務理事や職員らが同席した。

日本財団の担当職員が残した議事録メモから、笹川、平井両者の主な発言内容を抜き出してみる。

笹川会長「地方創生に関する国の総合的なプランはなかなか出てきません。貧困家庭対策などは国から日本財団に委託され、取り組むことになりました」

「民間と鳥取県ががっぷり組んでモデルケースをつくる、というのはどうでしょうか」

「日本財団はさまざまな取り組みをしています。まず、鳥取県が悩んでいる問題を具体的にピックアップしてもらい、資金は日本財団が出す、場合によっては国からも資金提供してもらえるよう働きかけるという仕組みが考えられます」

平井知事「障害者は社会的に孤立する傾向があるので、障害者のコミュニケーション支援をしています。ディスプレイを点字でつくる技術があり、高額だが県で取り入れようと考えています」

「オリンピック・パラリンピックの課題があります。鳥取ではカルチュラル・オリンピアードという文化の祭典を行っています。これには地方レベルの連携が求められていて、鳥取が取りまとめ役を担っています」

笹川会長「日本財団は障害者の世界芸術祭やアール・ブリュット（アウトサイダー・アート＝西洋の芸術の伝統的な訓練を受けていない人の制作したアート作品）展も開催しています。地方から盛り上がることが大切です。全国的な障害者の文化芸術活動について、何かをしたい」

「鳥取県は元気だなという『標語』を考えて、何かしたいですね」

平井知事「あいサポート運動（障害者に対するちょっとした手助けや配慮などの実践によって、みんなが暮らしやすい社会を目指す運動。2009年に鳥取県が独自に始めた）は鳥取発で、島根、広島、埼玉に広がっています」

「小さな拠点に車両を配置して、高齢者の見守りや買い物の足にする、また移動販売を組み合わせたコミュニティバスを考えています」

「走るコンビニもあります。コンビニを車両に積み、そこに福祉を組み合わせ、パッケージにして小さな拠点を中心に回すのです」

笹川会長「グランドデザインが必要です。五年で鳥取をどうするか。数値目標や成果を設定し、進めながら適宜反省し、進めていくことです」

「農家や商工会議所など、皆で実施するというコンセンサスをとらなければなりません。モデルケースにならないといけない」

平井知事「九月に完成予定の地方創生の総合ビジョンづくりに日本財団も入ってください」

「出生率を１・72に上げ、移住を千人増やすなどの目標もあります。日本財団にハッパをかけていただきたい」

初の会談だった。議論が一気に集約されたわけではない。しかし、平井は笹川のひと言を重く受け止めた。

「物事は、結果を出さないといけない」

その通りだと思った。筆者のインタビューに対し、平井は当時を振り返りながら語る。

「地方創生のスローガンを叫ぶだけでは意味はないわけです。例えば、中山間地域の過疎化の問題にしても、人口の流出をストップさせるといっても、正直、解決は簡単ではありません。人口が希薄になった地域で福祉や医療が失われてしまわないためには、一歩一歩、着実に対策を立てていかなくてはならない。そういう意味で、日本財団とタッグを組むことに鳥取県も挑戦させていただきたい。そう申し上げたわけです」

一方の日本財団側には、初会談での笹川と平井の次のやりとりが印象的だった。笹川が「こういう、県と日本財団が共同事業をやる場合は覚書（協定）を結ばなければならない」と言った時の平井の素早やい反応である。

「もし、覚書が結べるならば、今ここで締結するのもＯＫです」

平井としては、覚悟を強調したかったゆえのパフォーマンスでもあったのだろうが、半分は本気だった。

「鳥取は一番小さい県ですから、今（知事と担当の幹部が同席している）ここで意思決定ができ、覚書でも何でもつくれますよ。それが鳥取のいいところです。いろんなハンディを背負っているけれど、動き始めるのは一番早い。実験場に向いていると私は申し上げたのです」

■日本財団との縁

平井伸治は旧自治省の官僚だった時から、日本財団とその関連団体の活動についてはよく知っていた。例えば、姉妹財団のB&G財団が青少年の健全育成を図ろうと、カヌーやヨットなどマリンスポーツの用具を備え、プールやグラウンドもある「海洋センター」を長期間にわたって全国津々浦々に建設したこと（第二巻「本籍は海にあり」参照）など地方レベルの社会貢献事業だ。

それだけでなく、平井には日本財団グループから直接助成を受ける側に立った経験もあった。平井が自治省の自治大学校研究部に勤務していたころのことだ。

ＥＲＯＰＡ（行政に関するアジア・太平洋地域機関）という国際機関がある。アジア太平洋地域各国の行政の質的向上を図る目的で設立された。そのＥＲＯＰＡが１９８７年４月東京でセミナーを開催することになった。テーマは「地方自治体の人事管理」。ＥＲＯＰＡは各国にある公務員の養成機関のネットワークだが、原加盟国の日本はこの地域で唯一の先進国としてセミナーを取り仕切る大きな責任を負っていた。

平井はセミナーの事務担当者として走り回り、当時できたばかりの笹川平和財団（日本財団グループ）に協力を求めたところ、ポンと三百万円を助成してくれた。その責任者が笹川陽平だった（日本財団の助成事業一覧資料によれば、日本財団はさらにＥＲＯＰＡが主催した１９９５年の「アジア・太平洋地域の地方分権推進に関する東京会議」にも五百万円を助成している）。

「笹川さんの活躍を、私は二十代の駆け出し時代にじかに見ているわけです」

時は流れ、鳥取県知事になった平井に、今度は日本財団が陳情に訪れた。平井によれば、知事二期目の２０１３年1月28日。全日本ろうあ連盟（本部・東京）の久松三二《みつじ》事務局長らと共に日本財団公益・ボランティア支援グループ（当時）の石井靖乃《やすのぶ》（１９６２年生まれ　現在公益事業部部長）が県庁にやってきた。陳情は一点に絞られていた。

「鳥取県が先駆けとなって、手話言語条例を制定してほしい」

県庁側はこの陳情の扱いには苦慮していたようだ。平井は語る。

「打ち明け話を申しますと、県庁は役所ですから、手話言語条例に関する陳情だということで、いろいろ調べて、事務当局としてどう対応するかを検討したようです。それで事前に、私のところに紙ぺらが回ってきました」

その紙ぺらによると、全日本ろうあ連盟と共に日本財団は手話言語法の制定を目指して活動している。しかし、文部科学省は手話を言語としては認めない立場をとっている。言語として認めれば、学校のカリキュラムや教員の養成などで大掛かりな対応が求められるからだ。また、厚生労働省は「福祉の領域を超えた問題」であるとの立場をとっている。つまり、政府としては法の制定には否定的、少なくとも消極的な姿勢である。したがって、法の制定まで一気に進むのは困難と見られる。ついては、陳情をお断りしてほしい……。それが、県の事務当局の意見だった。

「だけど、私はどちらかというと、あまりものに縛られない考え方をする人間です。知事というのは地域や県民の目線を大事にしなければならないと考えていました。第一、県の聴覚障害者団体も間に入っているのだから、会わないわけにはいかない。当然のように思ってお会いしました」

石井靖乃

障害者支援の長い歴史をもつ日本財団は2010年度から全日本ろうあ連盟と連携して手話言語法制定推進の事業を始めていた。石井はその中心にいた。そんなこともあって、この時の面談における石井の熱弁は、平井には強い印象となって残っている。

平井が記憶する石井の発言要旨は、次のような内容だった。

国会も政府も手話言語法の制定に向けて動かない。しかし、鳥取県は障害者の福祉に関する施策を次々に打ち出しているではありませんか。ぜひ、国による法制定への風を巻き起こすために、鳥取県が率先して県の手話言語条例制定の決断をしていただきたい……。

石井自身も当時のことはよく覚えている。

「平井知事が手話の普及に非常に理解があるということは、僕は久松事務局長からよく聞いていました。平井知事はまた、県の将来ビジョン（中長期計画）の中で手話を言語の一つとして位置付けています。そこまでやっているのですから、法令化に向けて、まず県の条例をつくってもらえば、やがて地方から中央へ、国が動くのではないかと考えたのです」

石井の熱弁と久松らの意見をずっと聞いていた平井は「もっともだ」と思ったという。手話を言語だとすることには異論があり、政府も後ろ向きにとらえている。しかし、全日本ろうあ連盟だけでなく社会貢献団体である日本財団も一緒になって、「手話は言語の一つである」と認識する新しい価値観をつくろうと運動を展開しているのである。これは、単に障害者の権利擁護のための県条例の問題ではなく、大きく日本全体の課題としてとらえるチャンスではないかと平井は考えたという。

「わかりました。県としても（条例制定を）研究してみましょう」

ただし、一つ条件があると平井は言った。

「全国の自治体で初の条例になるわけですから、専門家の知見を結集した、それ相応のものにしたい。その条例案づくりに、日本財団さんのサポートをお願いできますか」

こう書くと、たった一回の陳情で鳥取県知事が条例制定の具体化を決断し、事態は大きく進展したことになるが、もともと条例化に強い意欲を燃やしていた平井は石井らの陳情を絶好の機会ととらえ、日本財団とのパートナーシップを構築するシナリオを描いていたのではないか、と石井は見ている。

「平井知事との面談の場には地元の新聞社やテレビ局の記者が待ち構えていましたから。平井さんはわれわれの来訪の趣旨を十分にふまえていたのです。条例制定に向けての積極性を感じました」

平井は手話を習得しており、大学生の時には手話ボランティアを経験している。また、自治省時代には短期間だが米カリフォルニア大学バークリー校で客員研究員を、また自治省ニューヨーク事務所長を務めた経験などから、「手話は言語の一つ」という見識を身につけていたのではないか。

石井は言う。

「鳥取に来た甲斐があったと思いました」

ともあれ、日本財団と鳥取県には縁があったようである。

■全国初の手話言語条例

石井が鳥取県庁を訪れて平井に陳情したのが２０１３年１月。その二カ月後には日本財団の尾形武寿理事長が県庁に出向き、手話言語条例について県と日本財団が協働して取り組むことを正式に決定した。そして九カ月後の同年10月、手話言語条例は施行されている。素早い動きだった。何しろ、全国の自治体に先駆けた条例である。制定に至る経緯を手短に書きとめておきたい。

手話言語条例の案文づくりで協力してほしいという平井の求めに日本財団はどう対応したのか。

石井によれば、まず県と日本財団が合同で条例案策定のための研究会を発足させた。メンバーは、全国から選出した手話研究者や手話通訳者、ろうあ教育の専門家ら有識者、それに地元からは手話関係団体や教育委員会の代表らである。研究会（日本財団が関係費用を助成）は半年で四〜五回開かれ、石井はすべてに出席した。研究会の論議は報告書として知事に提出され、最後に条例案として議会に上程される段取りだった。

当初は一年後の2014年1月ごろの制定を目指していたそうだが、条例案上程のピッチが上がった。同じ時期、北海道の石狩市でも市長が旗振り役を担って同様の条例制定を目指す動きが出ていた背景がある。

「障害者の支援、とりわけ手話言語に関して先進的な取り組みをしてきたと自負する鳥取県としては、〝全国初〟を譲りたくなかったのだと思います」（石井）

それでも、研究会での議論が始まった最初のころは、県議会や教育関係者の間で条例化に反対する意見が少なくなかったと平井は振り返る。「手話は言語の一つである」との考えを条例に盛り込めば、教員の養成が追いつかないという現実問題が立ちはだかる、それで文科省も（法令化に）難色を示しているからだ。

「じつは、（手話言語の）教育に関する部分を省いて条例案を出すことも考えかけたのですが、聴覚障害者の皆さんは『教育を組み入れない条例には意味がない。絶対に、そうしないでほしい』と強く訴える。結局、その意見を入れた条例案にしましたが、議会に諮った時は、正直言って、一か八かの気持ちでした」（平井）

しかし、知事のあれこれの懸念は、すべて杞憂に終わった。条例案は全会一致で可決された。これは、党派政治を超越した活動を展開している日本財団との協働作業によってつくり出された手話言語条例であるからだと平井は思ったそうだ。

第1条に「ろう者とろう者以外の者が共生することができる地域社会を実現すること」を目的とした鳥取県の手話言語条例は、第12条で次のようにうたっている。

「ろう児が通学する学校の設置者は、手話を学び、かつ、手話で学ぶことができるよう、教職員の手話に関する技術を向上させるために必要な措置を講ずるよう努めるものとする」

聴覚障害児にとって、手話は自己表現と学習のために必要不可欠な言語だ。そして、学校で今、たとえ片言でも手話ができる子が存在すれば、十年、二十年後の社会では手話ができる人がどんどん増えているのである。

２０１３年10月の鳥取県手話言語条例に続き、同年12月には「石狩市手話に関する基本条例」が制定された。そして、この潮流は全国に波及した。２０２０年４月現在、手話言語条例を成立させた自治体は二十八道府県、十二区、二百四十九市、五十一町、一村の計三百四十一自治体に及んでいる（全日本ろうあ連盟調べ）。

■もう一つの甲子園

日本財団からの強い働きかけによって２０１３年に制定された鳥取県の手話言語条例は、今振り返ってみると、２０１５年11月に正式始動する鳥取県と日本財団の共同プロジェクト「みんなでつくる〝暮らし日本一〟の鳥取県」に先立つ成果をもたらした。その一つが、年一回開催される「手話パフォーマンス」の祭典である。

手話は、聴覚障害者にとって欠かせないコミュニケーションの手段だが、それだけにとどまらない。全身を思い切り使って自分の意思や感覚を表現する言語なのだ。そういう考えに立ち、手話をダンスやスポーツ化し、あるいは演劇化する技、つまり「手話パフォーマンス」を競い合うイベントを開催したらどうか。主役はやはり若者であるから、真夏の甲子園球場で繰り広げられる高校球児たちの熱戦になぞらえて「全国高校生手話パフォーマンス甲子園」と名付けよう……。

第一回大会は2014年に開催された。舞台は高校野球なら甲子園だが、手話パフォーマンスの場合は「手話の聖地」を自負する鳥取である。参加した全国二十一都道府県の高校の計四十一チームのうちビデオ審査による予選を勝ち抜いたチームが本大会に出場している。

参加チームは第二回大会が四十七チーム（五十校）、第三回大会が六十一チーム（六十五校）と毎年増え続けた（チーム数と参加校数が異なるのは、複数校による合同チームがあるため）。日本財団は第一回大会から特別協賛の形で支援しており、本大会出場チーム（十五〜二十校）の旅費などを助成している。むろん、この「もう一つの甲子園」は共同プロジェクトにも組み入れられた。

令和元年の2019年9月29日、鳥取市内のとりぎん文化会館で開催された第六回大会の本大会には、参加五十七チーム（五十九校）のうち予選を勝ち抜いた北海道から沖縄までの十五チームが出場した。

優勝したのは、沖縄が抱える環境問題を手話のラップとコメディタッチの軽妙な演技で表現した沖縄県立真和志高校手話部チームで、大会史上初の連覇だった。

日本財団賞を獲得した鳥取県立米子東高校チームが披露した、手話を駆使するダンス演劇は本質的な問題を提起している。ある学校のクラスが、コミュニケーションがとれないろう者の転校生を仲間はずれにしてしまう。しかし、クラス全員が手話を学ぶことによって、しだいに打ち解けていく様子を、シンガーソングライター米津玄師の曲「アイネクライネ」に合わせて表現していた。

日本財団会長の笹川陽平は自らのブログ（２０１９年11月18日）でこう語っている。

「手話は、補助的な伝達手段ではない。時には音声の言語をも凌駕し、体全体を動かして発する堂々たる言語なのである。手話パフォーマンス甲子園に出場した高校生チームの熱演を見れば、それが実感できる。ユーチューブでも見られるから、ぜひ一度視聴していただきたい」

共同プロジェクトは、「もう一つの甲子園」に強い期待を寄せている。それが手話人口の増大、ひいては手話言語法の成立にもつながるからである。

田舎暮らしの改造

■日本一歩かない県

鳥取県の人口は約五十五万人と、全国四十七都道府県の中で最下位だが、もう一つ、自慢しづらい統計のランキングがある。

鳥取県民は、とにかく歩かない。過去には「日本一歩かない県」のレッテルを貼られたこともあった。

少し古いデータになるが、厚生労働省が２０１０年に実施した「国民健康・栄養調査」の結果によれば、二十歳以上の男女が一日で歩いた歩数が最も多い都道府県は兵庫県で、男性が七千九百六十四歩、女性は七千六十三歩だった。これに対し、兵庫県の西隣の鳥取県は、男性がワースト一位の一日五千六百三十四歩、女性は下から三番目の四十五位で五千二百八十五歩だったのだ。

鳥取県の男女の一日の歩数は兵庫県の男女より二千歩前後少なかった。千歩＝十分のウォーキングに相当するというから、一日に歩く時間で二十分、一カ月では十時間もの差をつけられていたことになる。

これを深刻に受け止めた県は、男性が一日八千歩、女性が七千歩の歩数目標を設定し、「ウォーキング立県」を目指すことにした。しかし、2012年の同調査でも、鳥取県は女性が十五位（六千九百八十二歩）と健闘したものの、男性は依然四十五位（六千七百八十五歩）と低迷していた。

なぜ、鳥取県民は歩かないのか。県の健康政策担当者が言った。

「交通の便が悪いので、車に乗る習慣がついているのです。百メートル先のコンビニへ行くのにも、つい車に乗ってしまう」

健康づくりの観点からすれば、これは笑い事ではなく重大な問題である。ふだん歩かなくても、いざという時に歩けるのならいいが、もし歩けなくなったら、そして、車の運転もできなくなったら、日常生活は成立しなくなるのだ。たかが、ウォーキング、されど、ウォーキングである。県当局としては危機感を抱かざるを得ない。

2015年11月、官民協働による地方創生を目指す「鳥取県×日本財団共同プロジェクト」の調印式が鳥取県知事公邸で行われ、翌2016年4月には県庁本館三階に「日本財団鳥取事務所」が開設された。日本財団の総務部や海洋船舶部などでキャリアを積んできた中堅職員の木田悟史（1977年生まれ）を所長に、東京から派遣された若手職員と地元採用の一人が加わった三人体制である。

「日本財団」の看板を掲げた事務所は、じつはパートナーとなる県の「元気づくり総本部」（当時、現在は共生社会プロジェクト推進室）との同居である。県民に親しみをもってもらいたいと内装に地元の木材（智頭杉）を使い、改装費（三百万円）は日本財団が負担している。このようにして、前例のない官民協働の取り組みが本格始動した。

「みんなでつくる〝暮らし日本一〟の鳥取県」

それが日本財団の掲げるキャッチフレーズだった。加速する少子高齢化によって深刻な課題となっている社会保障負担の軽減が急務だととらえ、とくに高齢者や障害者らの生活を民間レベルで支える「地方創生のモデル」をつくってみようということだ。五年間で約三十億円規模の事業になると見積もっていた。

個別のプログラムは日本財団と県が立案・実行するが、各事業については平井伸治知事をはじめ、県内十九市町村の首長や農協、漁協、医師会や商工会議所、さらに大学などの代表で構成する顧問団会議の意見を聞くことになっている。会議には時として、日本財団から笹川陽平会長や尾形武寿理事長が出席することもある。

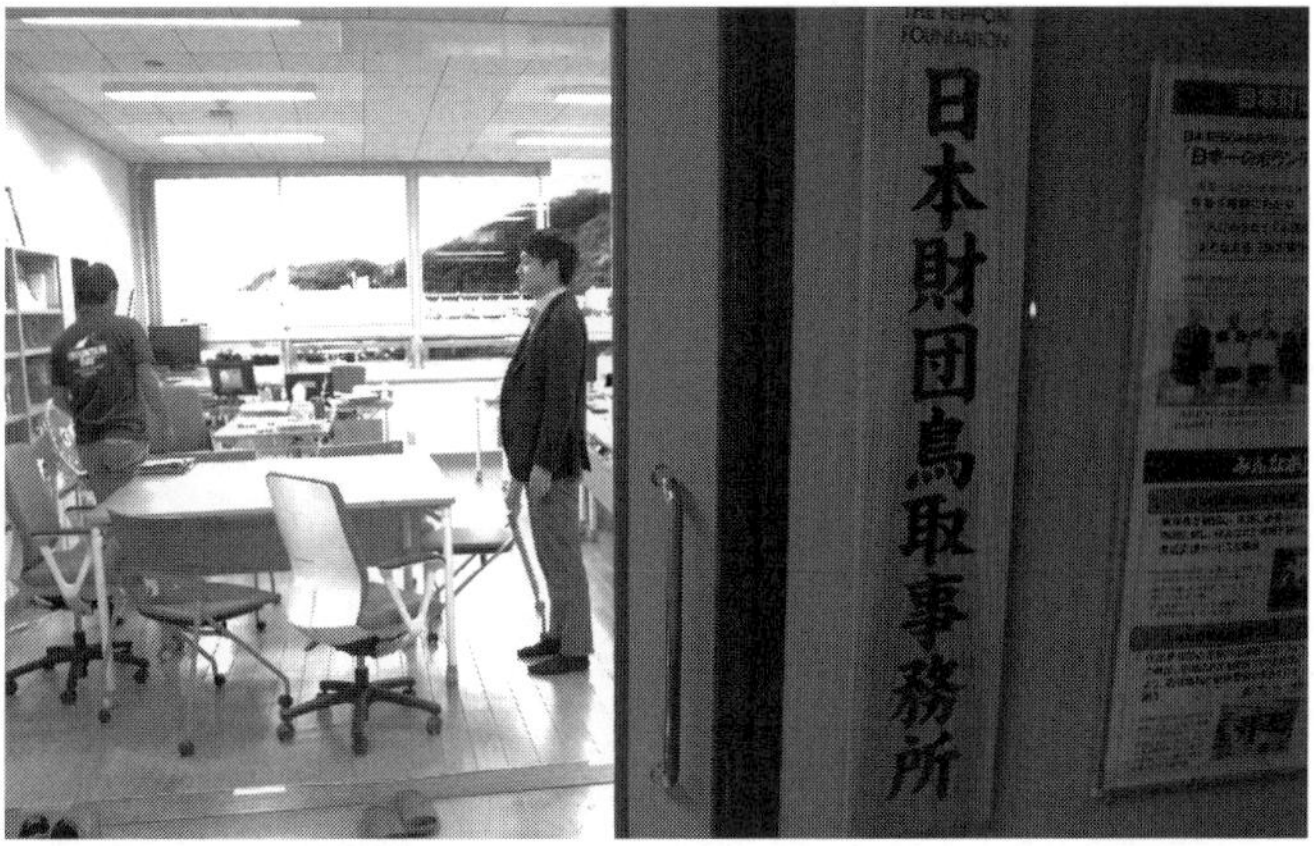

県庁内にある日本財団鳥取事務所（2019年10月）

そんな体制を組んで動き出した鳥取県と日本財団の共同プロジェクトのテーマの一つに、さっそく「ウォーキング立県」が据えられた。足腰の弱まりは病気を呼び込み、ひいては医療費の増大を招くからだ。

ウォーキングを奨励するイベントは、じつは以前から、健康増進による地域活性化活動を続ける県内のＮＰＯが展開していたのだが、日本財団が支援に乗り出したことでスケールが大きくなった。県内十九市町村のすべてを歩こうと呼びかける事業の実行委員会がこのＮＰＯと県によって組織され、全県規模のイベントとなった。日本財団は２０１６年度、イベント開催やコースの設置など三件の事業の助成費として計八百三十五万円を計上している。

ちょうど２０１６年10月、世界十九カ国・地域のトレイル（自然遊歩道）関係者（五十八団体）が鳥取県中部の倉吉市に集まり、トレイルの活用や保全、そして健康について話し合うワールド・トレイルズ・カンファレンス（ＷＴＣ）が開かれた。日本財団はこの国際イベントをウォーキングの気運を高める機会だととらえ、支援している。

例えば、県中部の湯梨浜町で開催されたＷＴＣウォーキング大会のコースには車椅子の利用者や幼児が参加しやすいコースを設定し、子どもの歩く教育「歩育」の普及と共に、障害の有無にかかわらず誰もが健康づくりを楽しめる機会を提供した。また、同町や倉吉市、三朝町など五市町でのウォーキング大会各コースで運動効率の高いノルディック・ウォークの講習を実施する支援を展開した。まさに多彩な活動であった。

「ウォーキング立県19のまちを歩こう事業」実行委員会は、「歩く（運動する）習慣を身につけよう」とチラシなどで県民に呼びかけ、２０１７年度以降も関連イベントを県内全域で展開した。

ちなみに日本財団はこのウォーキング事業だけで２０１７年度（八百五十五人参加）は八百二十九万円、２０１８年度（五百九十四人参加）には六百十万円を助成している。

■ウォーキング立県の壁

日本財団鳥取事務所長の木田悟史は赴任三カ月後には妻と子どもを東京から呼び寄せ、鳥取暮らしを始めた。むろん、ウォーキングのイベントに参加したことがある。２０１７年９月、ＪＲ鳥取駅の西三～四キロにある湖山池周辺で開かれた「ウォーキング・フェスタ」だった。

湖山池は古代、日本海から湾入した場所が砂丘の発達や堆積によって海と分離された海跡（潟）湖で、周囲は十八キロほどある。池の中には大小五つの島があって、最大の島である青島には湖岸から橋が架かり、徒歩や自転車で巡ることができる。このように、ウォーキングのイベントにふさわしい場所が鳥取県内には少なくない。

フェスタは家族向けの五キロコースと上級者向けの湖畔一周十七キロコースがあり、参加費は事前申し込みだと一人五百円、当日申し込みは八百円（いずれも小学生以下は無料）。木田は五キロコースを選んだ。東京暮らしでは経験できない爽快な気分を満喫した一日だったそうだ。

イベントの主眼はむろん、老化防止や生活習慣病の予防のためのウォーキングである。開会式にゲストとして招かれた元マラソン選手の増田明美は、社会コスト（医療費）の削減を目指す鳥取県×日本財団共同プロジェクトの趣旨に賛同するメッセージを発信した。

「歩くって本当に大事ですね。（歩いて）健康になれば医療費はかかりませんから」

増田は一方で、中高年層だけでなく若者や家族連れ、子どもたちが思いのほか多かったことを喜んだ。

湖山池と同様の「ウォーキング・フェスタ」は2018年9月、県中部・湯梨浜町の東郷湖周辺でも開催された。湖を巡るウォーキングのほか、グランドゴルフやヨガ教室の体験会など多彩な健康イベントが開催されている。

そして、スローガン「普段から歩こう！」を掲げた共同プロジェクトの精神は、日本財団の助成が終了した後も、それを引き継いだ県単独の事業に引き継がれた。その一例が「健康県民マイレージ事業」である。

対象は十八歳以上の県内在住者（県内勤務者や通学の学生を含む）。年に一回、三～四カ月の実施期間を設けて申し込みを受け付ける。日々のウォーキング（一日八千歩以上なら4ポイント、六千～八千歩未満は2ポイント、六千歩未満は1ポイント）のほか、球技やジムなどの定期的なスポーツ、ボランティア活動への参加、健康診断の受診など健康づくりに取り組んでもらい、貯めたポイント（自主申告）が200以上になった人、またはグループには抽選で合計五百人に総額百万円以上の景品をプレゼントする催しである。最近の実施期間は2019年9月1日～12月31日だった。

参加費は無料。景品にはマッサージチェア（1名）や米子～ソウル便ペア往復航空券（1名）のほか、県の特産品や健康関連グッズがあり、すべての記録報告者に参加賞がある。ターゲットにしている「運動から疎遠になっている人」にウォーキングを習慣づける効果も期待できるだろう。事業は鳥取市をはじめ、米子市、倉吉市など県内の十九市町村の共催で、協賛企業はスポーツクラブやマッサージチェア製造販売会社、航空会社など七社(2019年7月現在)。文字通り、官民協働の歩こう運動である。

以上の「普段から歩こう!」キャンペーンには文句のつけようがない。しかし、健康づくりではなく、暮らしの利便性の観点から見ると、ひっかかりを感じてしまう点もある。移動手段が徒歩だけでは現代生活は成り立たない。鳥取県に限らず、どの地方でも地下鉄や路線バスが縦横に走っているわけではなく、バスが運行されていても本数が少ないから、どうしても車に頼ってしまう。それが、鳥取の日常生活の現実であるからだ。だとすると、恒常的なウォーキングを維持するのはなかなか難しいのではないか。

東京という大都会から移ってきた木田に、鳥取暮らしの実感を聞いた。

木田によれば、日本財団の事務所がある県庁まで通勤には徒歩で十分ほど。自宅近くの小さなスーパーも徒歩五分ほどの距離にあるから、日常生活の利便性は最低限クリアされている。しかし、問題は「ちょっとしたこと」が起きた場合なのだと木田はいう。例えば、たいていのモノがそろっている大きなスーパーや総合病院まで徒歩で行くのは無理だ。生活のペースを守ろうとすれば、車で行く。

木田はこんな経験をしている。まだ乳児のわが子の紙オムツを買いに近くのスーパーへ行ったが、売っていない。木田は自転車のペダルをこいであちこちの店を探し回ったのだが、どの店でも大人用のオムツしか売っていなかった。自宅から遠い大規模スーパーでようやく乳児用を見つけたという。

少子高齢化社会の断面を物語るような木田のエピソードである。東京では車をもたずに暮らしてきた木田だったが、日常の足として電車・バスを使えない鳥取ではマイカー生活に切り替えざるを得なかった。ウォーキング立県のプロジェクト担当者としては複雑な気持ちである。

木田悟史

「健康づくりにウォーキングは必須ですが、徒歩だけではどうにもならないことが少なくないのです」

で、どうしたらいいのか。それが問題だ。

■UDタクシー

鳥取県知事の平井伸治は、地方創生を目指す共同プロジェクトのパートナーである日本財団の発想や手法について、こう論評する。

「われわれ役所の人間にはない思い切りの良さがある。スピード感をもって、目標を目指しますね」

平井が例に挙げたのは、2015年7月7日のこと。「鳥取県×日本財団共同プロジェクト」の協定書が締結される前の準備段階での出来事である。当時開催中のイタリアのミラノ万博（同年5月～10月）を視察した直後だったから、よく覚えているという。

万博で鳥取県のPRスピーチをイタリア語で行うための出張で、現地滞在はわずか二日間。過密日程をこなして帰国し、空港から大急ぎで向かったのは、鳥取市内で設定されていた共同プロジェクトの打ち合わせ会場である。県側からは副知事以下の担当幹部が顔をそろえ、日本財団側からは尾形武寿理事長をはじめ担当の常務理事、職員計十人が出席していた。

平井が到着した時、会場はフリーディスカッションの最中だった。協定書の調印後には具体的な事業づくりが始まる。そのために活発な意見交換が繰り広げられていた。出張帰りの平井はまず、日本財団の面々が投げかけてくる提案の熱気に驚いたという。

まさにワイワイ、ガヤガヤという議論の中で、平井は耳慣れない語句を聞いた。

「ユー・ディー（ＵＤ）・タクシー」

日本財団側から出された提案だった。

「モデルケースとして、鳥取にＵＤタクシーを導入したらどうですか」

ＵＤ（Universal Design　ユニバーサル・デザイン）とは、文化・言語・国籍や年齢・性別などの違い、障害の有無などを問わずに利用できることを目指した建築・設備・製品などのデザインのことだが、具体的にＵＤタクシーとはどんなものなのか。当時の平井には詳しい知識はなかった。

「（鳥取県内で）タクシーは何台くらい走っていますか？」

日本財団側の質問に、県側は「一般的な小型タクシーなら約四百台」と回答した。すると、日本財団理事長の尾形がこともなげに言ったのを平井は鮮明に覚えている。

「四百台ぐらいなら、全部ＵＤタクシーに切り換えたらどうでしょうか」

すべて日本財団が助成（寄贈）するとの意味である。平井が感じたのは、ＵＤタクシーを起爆剤にして、人口減少が進む地域で新たな公共交通のモデルをつくろうという日本財団の意気込みであった。そこには、高齢者や障害者、そして妊婦や乳幼児を抱えた主婦ら、誰もが移動しやすい共生社会づくりへの熱意が込められている。

ＵＤタクシーの導入は一般社団法人「鳥取県ハイヤータクシー協会」への日本財団の助成事業として、２０１６年4月に始まった。共同プロジェクトが車種として選んだのは、日産が「新世代タクシー」としてすでに開発、世界四十カ国以上で発売していたワゴンタイプ車「ＮＶ２００タクシー」である。セダンタイプのタクシーと違って、大きく開くスライドドアで屈まずに乗り降りができ、大きなトランクが収納できる荷室スペースも確保されている。

何よりの特徴は車椅子利用者の使い勝手だ。ハッチバック式の後部ドアを跳ね上げ、二段引き出し式のスロープを使えば、車椅子のまま乗ることができる。日本財団の尾形はこのＮＶ２００タクシーに実際に試乗し、強く推したという。

鳥取県内で鮮やかな黄色に塗装され、「日本財団」のロゴマークをつけたＵＤタクシー（小型）が走り出した。２０１７年9月（当時、県内の小型タクシーは四百十六台。福祉タクシーや大・中型を含めても計七百二十二台）までに百二十五台、そして翌２０１８年1月

鳥取県内で目立つようになったUDタクシー（2019年10月）

までにさらに七十五台が導入されて計二百台。これで県内のタクシーの四分の一以上をUDタクシーが占めることになった。

ハイヤー・タクシーの総台数がざっと五万台の東京都では、二百台ぐらいがUDタクシーになったとしてもさしたる変化は起きないだろう。だが、日本財団鳥取事務所長の木田悟史は、「一つの地域の公共交通の四分の一以上が変われば、コミュニティの住民の生活に変化が生まれる」という専門家の見解を聞いたことがあった。

鳥取県知事の平井も次のように話していた。

「東京なら二百台ぐらいでは社会の変化に結びつきません。でも、鳥取では二百台は全タクシーの四分の一以上、小型タクシーの半分ですから、それが変わることによる地域へのインパクトはものすごく大きい。小さな地域での実験かもしれないが、UDタクシーは一つの社会変革を実証してみせたのです」

UDタクシーは鳥取の人々の暮らしに、具体的にどのような変化をもたらしたのか。タクシーの利用機会が増えれば「日本一歩かない」といわれている鳥取県民はますます歩かなくなるのではないかと懸念される。ところが、そうではなかった。

県が2019年8月に作成した「鳥取県×日本財団共同プロジェクト　取組概要」によ

れば、ＵＤタクシー二百台の導入による大きな変化の第一は「高齢者や障害者の外出機会が増加した」ことだという。ＵＤタクシーの運転手が車椅子での移動を介助してくれるので、高齢者や障害者が一人で買い物に出かけたり、一人で病院に行くケースが増えた。歩かなくなったわけではない。ＵＤタクシーとウォーキングは両立するようである。

地域に起きた変化を、もう少し具体的に調べてみよう。

▽各タクシー会社のＵＤタクシーは午前中、通院予約でいっぱいになっているし、透析患者向けの送迎サービスにＵＤタクシーを活用しているクリニックもある。

▽県内十七市町村が高齢者・障害者にＵＤタクシーを利用する際の助成措置をとっていることも外出の増加につながっている。

▽高齢のドライバーが引き起こす交通事故が頻発している中、鳥取県では運転免許証を返納した高齢者がＵＤタクシーを利用するケースが急増した。免許返納高齢者のタクシー利用はＵＤタクシー導入前の２０１５年度は八千三百八十一件だったのが、導入後の２０１６年度は一万七千七百十一件、２０１７年度には一万九千八百四十五件と二・四倍にもなった。

以上の成果によって、共同プロジェクトのＵＤタクシー整備事業は２０１８年1月、「国土交通省バリアフリー化推進功労者」に選ばれ、大臣表彰を受けた。プロジェクトが獲得した成果の、一つの証しである。

■理事長のコメント①

日本財団理事長の尾形武寿（１９４４年生まれ）は宮城県石巻市の出身である。地方の過疎地域における高齢者の暮らしの実態を熟知している。鳥取県との共同プロジェクトに関しても何度も現地に足を運び、笹川陽平会長が掲げる理念を念頭に、日本財団が助成する事業の陣頭指揮にあたってきた。

すでに述べたウォーキング立県（健康づくり）やＵＤタクシーの導入は共同プロジェクトのほんの一部である。主な事業だけでも、二十以上を数えるという。

▽認知症予防プログラムの全県展開
▽医療的ケアを必要とする障害児の在宅支援クリニック
▽障害者の工賃三倍プロジェクト
▽中山間地域の再生プログラム

▽障害者スポーツモデルの構築……

このように事業の表題を書き出してみると、改めてはっきりすることがある。少子高齢化や過疎化対策、そして障害者のための取り組みがプロジェクトの中心になっていることだ。

それはなぜかという根本的な問いを抱えて、尾形の話を聞いた。以下は、辛口ともいえる尾形のコメントである。

尾形武寿理事長

――日本財団はなぜ、地方創生のプロジェクトに取り組んだのですか

「理由は簡単です。地方創生がしきりに唱えられるけれども、政府も自治体も、何もやっていない。そこで、笹川会長が『民間の資金を投入して、やってみたらどうなるか。一度、実験してみよう』と言い出した。大きなうねりをつくり出すための実証モデルづくりです」

――なぜ、鳥取県をパートナーに選んだのですか

「全国都道府県の中で最も人口が少ない県だからです。実証モデルに適しています。それに、これが一番大事なことですが、県知事が非常に開明的な考えをもつ人で、障害者を励ましたい、障害者が住みやすい町をつくろうと頑張っている人だからです。行政と協働して仕事をする時は、首長さんがやりたい、やるんだという気持ちをもっていなければ、目的は達成されません。直接選挙で選ばれた知事には（相応の）権限がありますから」

――共同プロジェクトが始まって五年が経過しましたが、全体としてうまくいったと評価していますか。それとも、注文をつけたいことがありますか

「注文をつけたいですね。この間も鳥取に行って、現地の皆さんの評価を伺ってみたら、UDタクシーが走り出した、障害者のためのいろんな施設ができた、障害者の賃金も上がった……など、目に見えて良くなったという印象はもっておられるらしい。ただ、例えば、山間地域や限界集落に住んでおられる高齢者の問題などは一挙に解決しません。ちょっと立ち止まって考えてみますと、世界中の貧困地域や紛争多発地域の人々に比べれば、日本の田舎の人たちは限界集落であってもみんな立派な家に住んでおられる。だから、町に移ってきなさいと言われても、先祖伝来の家を守らなければならないという思いもあって、簡

単には動けない。今の日本の地方の一般的なお年寄りというのは、先祖伝来の土地で安心し、安定した生活を営みながら、ごく自然に消えていくのが望みなのです。ところが、現実には足腰が弱まって歩けなくなった、ちょっと買い物をしようと思っても、地域には店がない、お金を出し入れしようとしても銀行はなくなった、郵便局もなくなって、切手すら買うことができない。おまけに、病院は遠いところにある……。世界標準で見れば、今の日本の地方というのはかなり裕福で、お年寄りは暮らしには困っていないのですが、〝日常生活〟に不自由している。買い物とか病院通いなどです。小さなことではあるが、重要なポイントです」

――それでもＵＤタクシーの導入で、外出するお年寄りが増えていますね。高齢者や障害者の外出を促そうと県東部、山間部の八頭町や智頭町などを含む県内の十七市町村がＵＤタクシーの利用助成金を出していますから

「私は当初から、ＵＤタクシーに乗ったら、初乗り運賃（一・五キロまで小型は六百四十円）を半分にするぐらいの割引助成をしたら利用者は増えると主張していました。ＵＤタクシーが過疎地域からおじいさん、おばあさんを乗せて町まで連れていく。そして、歩行者天国にした町の中心部で歩いてもらう。それだけでも医療費を減らす効果は十分あると

思いますよ。でも、ＵＤタクシーによって、歩かないお年寄りがいなくなったとは思えません。まだまだ、何かが足りないのです」

（筆者注＝鳥取県内の十七市町村によるタクシー利用者への補助金制度は、例えば、県西部の江府町では▽七十歳以上で自動車の運転ができない人▽六十五～六十九歳で、公共交通機関の利用が困難なうえ車の運転ができない人▽身体障害者手帳をもっている人▽介護認定を受けている人――などを対象に、メーター額が六千円までは半額、六千円以上は三千円を上限とする助成を行っている）

■カフェ「なだばた」

「日本一歩かない県」とされた鳥取県だが、自慢できる「日本一」は、砂丘のほかにもある。県の東北端、兵庫県との県境に位置する岩美町には「住みたい田舎　日本一」の称号が贈られているのだ。

岩美町が月刊誌『田舎暮らしの本』２月号（２０１６年、宝島社）で「住みたい田舎ベストランキング」で総合第一位に選ばれたことは、旅行マニアならずとも知る人ぞ知る。

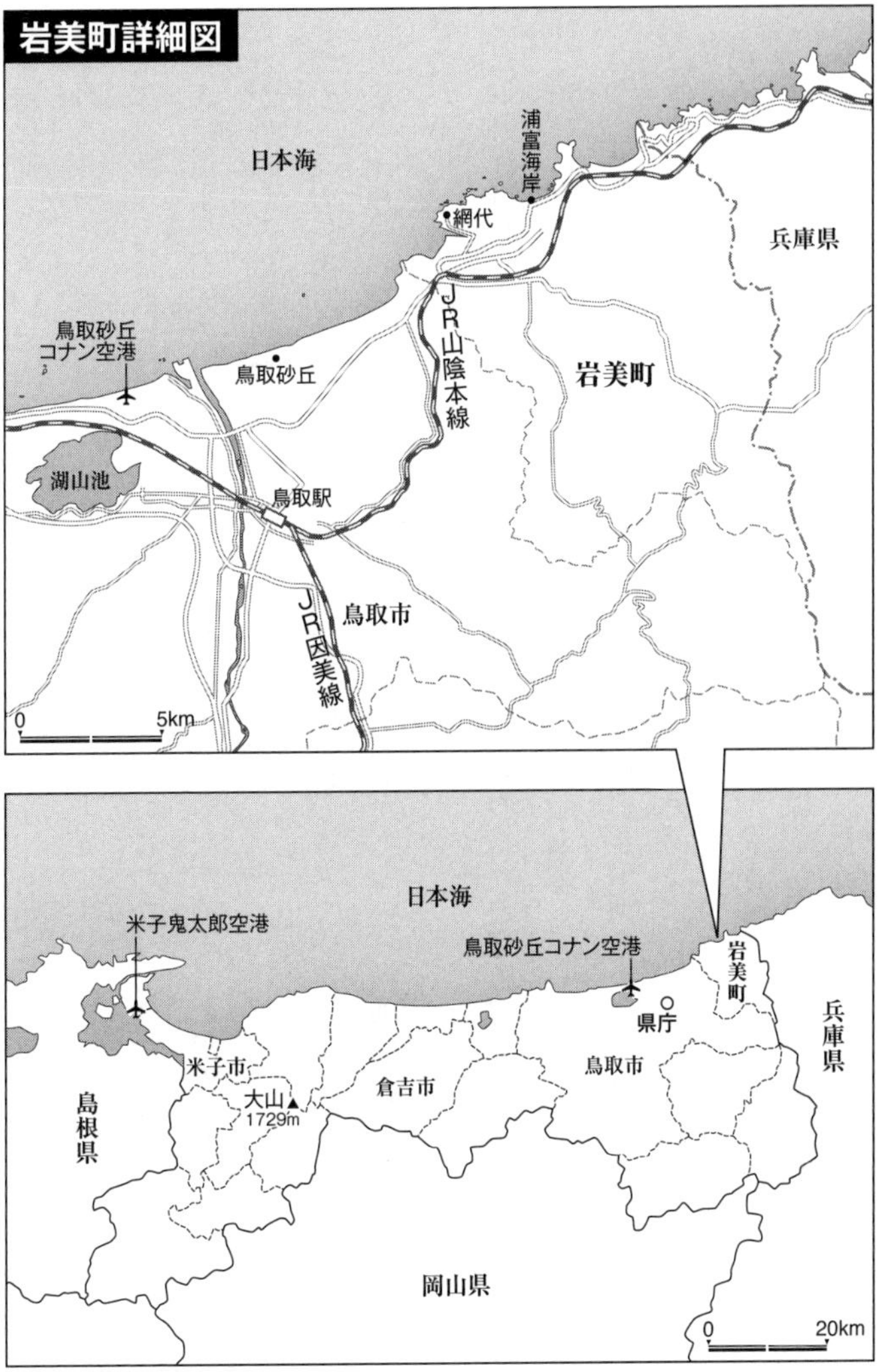
岩美町詳細図
日本海
浦富海岸
網代
兵庫県
鳥取砂丘
コナン空港
鳥取砂丘
JR山陰本線
岩美町
湖山池
鳥取駅
鳥取市
JR因美線
0
5km
日本海
米子鬼太郎空港
鳥取砂丘コナン空港
岩美町
兵庫県
県庁
米子市
鳥取市
倉吉市
大山
1729m
島根県
岡山県
0
20km

日本海に面し、人口は一万千四百六十人（2020年1月現在）。町内の網代漁港で水揚げされる魚介のうまさは広く知られ、ユネスコの「世界ジオパーク」に認定されている浦《うら》富《ど》海《め》海岸は断崖と海面に突き出した岩石が東西十五キロにわたって絶景を繰り広げている。

筆者は運よく晴天の日、この岩石海岸を展望台からながめることができた。まさに海の青さが目にしみる景観だった。

だが、この岩美町にも人口減少と高齢化の波が押し寄せている。主要産業の漁業・水産加工業のうち、とくに沿岸漁業の衰退に歯止めがかからない。漁師が高齢化し、しかも後継者が不足している深刻な事態なのだ。

鳥取県漁協網代港支所によれば、この地域は多くのイカ釣り漁師を輩出した。1990年ごろには網代港だけで四十～五十隻のイカ釣り漁船を擁していたが、今では五隻ほどだという。漁業を志す若者が減ったため、沖合いの底引き網漁もままならない。漁に出るごとに他の地区の漁師や外国人研修生の応援を求める。「船には十人ほどが乗り込みますが、そのうち二～三人がインドネシアなどの外国人です」という。

このように説明すると、寂しげな地方の漁港が連想されそうだが、実際に網代漁港に着いてみると、岸壁のすぐそばに洒落た和食レストランがあった。落ち着いた濃茶の色調で統一された外壁に、大きな楕円形の看板プレートが掛かっている。

《あじろカフェなだばた》

訪れたのは２０１９年10月10日の木曜日である。ちょうどお昼時で、十五席ある店内は満席のうえ、順番待ちの列ができている盛況ぶりだった。お客は地元の人たちが中心だというが、アカカレイやイカ、ハタハタなどの新鮮な地魚を使ったお魚定食（フライ、あんかけ、煮付けの三種類）が八百円、日替わり定食は五百円という「味と価格」が口コミで広まり、県内各地からの常連客や観光客も少なくないらしい。メニューには刺身定食や海鮮丼（いずれも千円）、ちょっと豪華な「なだばた御膳」（千五百円）もあった。

店を運営している五人の女性グループのリーダー、下根《しもね》鈴江《すずえ》（１９４８年生まれ）に取材を申し込んでいたのだが、それどころではない忙しさだった。

「どういうわけか、この二〜三週間、すごい数のお客さんなのです。この間の日曜日には、お昼だけで八十人を超えました。きのうは食材がなくなってしまい、臨時休業したほどでした」

カフェは２０１７年４月にオープンした。鳥取県×日本財団共同プロジェクトの「中山間地域支援モデル事業」の一つだ。中山間地域とは平野の外縁部から山間地にかけての地域を指すが、海に沿った網代地区も内陸部と同様の過疎化・高齢化に悩む地域として支援事業の対象となった。

日本財団がカフェの建物の改築費など千八百四十万円を助成した。県漁協女性部連絡協議会の会長を務める前出の下根ら県漁協網代港支所女性部のメンバー五人が食材の仕入れから調理、接客までを分担している。全員が六十代以上で、元来が漁業関係の家庭の主婦である人たちである。

「五人は皆、店の運転資金を出資し、時給千円で頑張っています。儲けを出すのを目的にしているわけではありませんが、営業的にはうまくいっています」

売り上げから運営費を捻出する自立経営を維持しているという。

■病院とつながる交流サロン

ところで、カフェの店名にある「なだばた」とは何だろう。

「なだばた」は網代特有の言葉だといい、本来は風波の荒い「灘の端」のことだが、転じて「みんなが集まる海辺の場所」を意味するようになったらしい。たまたまではあるが、筆者は

絶景が続く浦富海岸（2019年10月、鳥取県岩美町）

網代漁港そばにある「あじろカフェなだばた」（2019年10月、鳥取県岩美町）

NHK地上波総合テレビのドキュメンタリー番組「小さな旅」が網代漁港を取り上げた映像（2019年9月29日放送）を見ていた。漁港の広場の一角にテント屋根の下に長椅子を置いただけの簡素な「なだばた」があり、夕暮れ前のひととき、高齢の漁師たちが語らい合う光景だった。

話を《あじろカフェなだばた》に戻す。お客の流れが落ち着いた午後二時近くになって、ようやく下根の話を聞くことができた。

「この地域には昔から、漁港の近くにみんなが集まって日常的なおしゃべりをしたり、ちょっとした会合をする場所があって。そこを《なだばた》と呼んでいました。生活と切り離せない場所です。ですから、カフェの店名も、それがいいということになりました」

下根らの話だと、カフェがある場所は、元は漁師が網などの漁具を収納したり、修理したりする倉庫兼作業場だった。空きスペースは漁協の女性部が活用し、漁に出る漁船に積み込む野菜や食料品の保管庫にしていたそうだ。ところが、漁船の数の減少が目立ち始めた1980年ごろから空きのスペースがさらに増え、そこに皆が集まってコーヒーを飲んだり、おしゃべりするようになった。それが現在の《あじろカフェなだばた》の原点である。

下根らの日課（火曜日は定休日）は、カフェの開店一時間前の午前八時に出勤すること

カフェを運営する地元の女性たち。右から2人目が下根鈴江（2019年10月）

から始まる。皆でコーヒーを飲みながらその日のメニューを確認したり、地域の老人会や子ども会などから注文があった仕出し弁当の準備を行ったりする。

　午前九時になると、顔なじみがやってきて、モーニングサービスを注文する。コーヒーにクッキーが付いて三百円だが、地元住民には二百円で提供している。ランチメニューが始まる午前十一時までが一日で一番なごやかな時間だという下根は《カフェなだばた》の存在意義を次のように語る。

「おいしいものを提供する。それで、地域ににぎわいが生まれる。それだけでなく、私自身が（七十歳を過ぎても）働くことができ、健康でいられる場であるのです」

　しかし、《カフェなだばた》は普通のカフェとは大きく異なっている。閉店時間は午後三時。アルコール類は一切提供せず、ましてやカラオケはない。その代わり、単なる食事や語らいのスペースにとどまらない機能を備えていた。「ＩＴを活用したコミュニケーションシステム」である。

　鳥取県と日本財団による「鳥取県を日本一暮らしやすい県にするプロジェクト」の活動報告書（２０１８年９月）によれば、カフェの中にはモニターや通信機器が設置され、離れたところにある岩美町国民健康保険・岩美病院や介護施設、公民館とリアルタイムで会話することができるという。

《カフェなだばた》ではこのシステムを利用し、公民館と結んだ同時ビンゴゲームなどのイベントが開催されている。また、月二回、網代地区のお年寄りがカフェに集まり、モニター画面を通じて岩美病院の医師と会話する。医療関係者もお年寄りの健康状態をより細かく把握できるようになった。

鳥取県×日本財団共同プロジェクトの「中山間地域支援モデル事業」が岩美町での取り組みの課題として列挙したのは、主として次のような項目だった。

▽リタイア高齢者の日々の生きがいの少なさ。

▽コミュニティの希薄化による支え合い体制の弱体化。

▽運動機会の減少による健康不安。

▽医療サービスを物理的に受けられない居住環境。

▽生活用品の確保が困難な日常。

漁村の交流サロンともいえる《カフェなだばた》の出現によってコミュニティの再構築や多世代交流の動きが生まれた。岩美病院との連携では遠隔医療に向けて一歩踏み出した。

一方、内陸部でも、ビニールハウスを活用して、農産物を栽培しながら地域の交流を図るささやかな農村サロンが二拠点できた。子どもたちが立ち寄り、高齢者とのふれ合いの場になっているという。

しかし、未解決の課題がまだいくつもある。何よりも持続可能な地域づくりを目指さなければならない。でないと、日本一の「住みたい田舎」がイメージだけの称号になってしまいかねない。

■支え愛の店

「団地族」という言葉が、かつてはよく使われた。

日本の高度経済成長期、都市部に大量の労働力が流入した。この急増人口の受け皿として、東京や大阪などの大都市近郊に開発されたのが、大規模集合住宅を中心とするニュータウンである。その住人が「団地族」と呼ばれた。三C(クルマ、クーラー、カラーテレビ)が備わった〝理想の生活〟を追い求める「企業戦士」たちでもあった。

団地族が最も早く登場したのが大阪・千里ニュータウンで、1962(昭和37)年から入居が始まった。東京・多摩ニュータウンは1971年から、高島平ニュータウンは1972年からだった。多摩ニュータウンの団地族はわずか三年間で三万人にも膨れ上がった。しかし、高度成長は1973年と79年の石油危機によって頭打ちとなる。さらにバブル崩壊（1991～93年）やリーマン・ショック（2008年）を経て、日本経済は長い低迷を経験することになった。

この間、日本社会も大きく変容した。豊かさの一方で、1995年をピークに生産年齢人口（十五～六十四歳）が減少の一途をたどる少子高齢化が進行した。狭い2DK、エレベーターがない五階建て集合住宅は成長した子どもたちには嫌われる。ニュータウンには高齢化した親世代だけが残る現象があちこちで起きた。かつては団地族の中心的存在だった戦後生まれの団塊世代は定年を迎え、健康や老後の年金生活に不安を覚える年代になっている。

こうした地域社会の構造的な変化は、大都市周辺だけの現象ではない。全国の都道府県で最も人口が少ない鳥取県でも起きていた。県庁所在地の鳥取市（2019年12月現在、十八万七千人）に次いで人口が多い米子市（同、十四万八千人）の郊外にある永江地区の団地だ。

永江団地はJR米子駅から約六キロ。伯耆富士と呼ばれる大山（標高千七百二十九メートル）の裾野にあたる丘陵地に位置する。「県内最大規模の住宅団地」と銘打った開発が1970年代に始まり、県営、市営を中心に五階建て集合住宅のほか、一部では戸建て住宅も建設された。入居は1972年に始まり、ピーク時だった1985年の人口は四千五百人にのぼったという。

ところが、この団地も東京や大阪のニュータウンと同様、人口が減少していく。それに伴い、2000年には団地内にあったスーパーが撤退した。2005年には団地内の小学校が廃校になる。さらに2011年には、撤退したスーパーの後につくられた別のスーパーも撤退してしまった。

坂が多い地域なので、徒歩で買い物をするのが高齢者にはつらい。しかも、利用できる路線バスは一日九便。まさに〝買い物困難地域〟となってしまった。日常生活が成り立たない、深刻な事態である。県西部総合事務所によれば、最新の推計人口は二千六百六十九人だという。

そこで、住民たちが自ら立ち上がってつくったのが、現在は地区の大通りに面した場所にある「支え愛の店ながえ」である。コンビニ風の店構えで、小さなショーケースには野

地域の交流拠点となっている「支え愛の店ながえ」(2019年10月、鳥取県米子市)

「支え愛の店ながえ」の店内。コミュニケーションの場でもある(2019年10月)

菜、肉、魚などの生鮮食料品から缶詰・瓶詰類やカップめん、味噌、醤油、その他あらゆる日用雑貨品まで、日常生活に必要な品々が約六百品目、それぞれ少量ずつではあるがびっしりと陳列されていた。コンビニよりも生活臭があるミニ・スーパーといえるかもしれない。

県西部総合事務所・中山間地域振興チームの鈴木陽子《あきこ》（1966年生まれ）がJR米子駅から車で店まで案内してくれ、店では永江地区自治連合会の会長を務める松井克英（1942年生まれ）が待っていてくれた。松井は「支え愛の店ながえ」の店長でもある。

鈴木と松井の説明によれば、地元のスーパーが撤退した後、事態を深刻に受け止めた永江地区の七つの自治会でつくる自治連合会が県や市に支援を求め、2013年に自分たちが運営する店を始めた。その後、住民側から「店舗があるだけでなく、住民の多世代交流や健康づくりにも役立ち、コミュニティ再生につながる場にしたい」との要望が高まった。そこで、ちょうど鳥取県との共同プロジェクトを立ち上げた日本財団の支援を求めたのだという。

■地域再生のモデル

現在の「支え愛の店ながえ」は2017年6月、リニューアルオープンしたものだ。入り口と商品陳列ケースの間にはいくつかのテーブルを並べたコミュニティスペースがあり、カフェとして利用したり、碁や将棋を楽しむこともできる。学校帰りの小学生が宿題に取り組む姿も見られるそうだ。さらに、奥のスペースでは月二回ほど、「認知症予防カフェ」が開かれ、講師を招いて体操などが体験できる。永江地区の高齢化率（住民に占める六十五歳以上の人の割合）が39％にもなった現状を意識した取り組みを心がけている。

鈴木陽子

　多機能の交流拠点となった「支え愛の店ながえ」は店長の松井も店舗でお客に応対するスタッフも団地の住人で、「地元住民のボランティア活動があるから、店舗収入によって何とか運営を続けている」（鈴木）という。

　永江地区は漁村でも農村でも、山間の寒村でもない。日本財団は事業名を「住民の運営による地域交流拠点の整備」（２０１７年度、助成額三百万円）としているが、「支え愛の店ながえ」は取り組みの性格から見て、すでに紹介した「あじろカフェなだばた」と共通点が少なくない。いずれも鳥取県×日本財団共同プロジェクトの中では重要な位置を占める、主に高齢者を対象とした「中山間地域における生活支援の構築」事業としてくれるのではないか。

ともあれ、「支え愛の店ながえ」の取り組みは、鳥取県米子市という地方都市近郊だけにあてはまるものではなく、大都市のニュータウン再生のためのモデルにもなる。

その具体例をもう一つ紹介する。共同プロジェクトが「共助交通」促進事業の一つとして、永江地区で２０１９年10月から運用を始めた「コミュニティ・カーシェアリング」だ。地区内で会員サークル「永江ささえ愛カーシェアクラブ」を立ち上げ、日本カーシェアリング協会（本部・宮城県石巻市）から貸与された軽自動車に会員が相乗りして買い物に出かけたり、通院したりするシステムである。

試験運用を約二カ月間実施し、三十八人の会員が登録された。一般的なカーシェアリングと異なるのは、コミュニティで車をリースし、会員が話し合って車の活用方法を決めることだ。車を使うごとに利用者から積立金を徴収し、最終的にかかった経費の実費を利用頻度に応じた平等な分担となるよう精算するきまりになっている。ドライバーは善意のボランティアとして、運転の対価を受け取らない。

このカーシェアリングも公共交通機関がないお年寄りのための「共助交通」のモデルとして注目されていい。

■理事長のコメント②

鳥取県×日本財団共同プロジェクトでたびたび現地に足を運んだ日本財団理事長の尾形武寿は２０１７年６月15日、米子市永江地区にある「支え愛の店ながえ」のリニューアル開所式にも足を運んでいる。

――「支え愛の店ながえ」は、何を物語っているのでしょうか

「市内の丘陵地にあった団地で若い人たちがいなくなってしまい、〝買い物難民〟が続出するようになった。それで、共同プロジェクトによって日本財団が助成し、地元の自治連合会が管理・運営する店舗兼コミュニティスペースがつくられたわけですね。丘陵地なの

ですが、ちょっと見には平地のように見え、それほど辺鄙な場所だとは思えませんでしたから、なんでこんなところで買い物難民になるのかと思いました。ところが、自治連合会の会長さんが『おかげさまで、新しい世代間交流が生まれるきっかけとなる場所ができました』と言うのを聞いて、ハタと思いました。ああ、ここには子どもがいなくなった、高齢化が進んだのだと……」

――東京や大阪のニュータウンで起きたのと同じ現象を永江地区の人たちも経験しているわけですね

「1970年代、団地に入居した当時はよかったのですが、十年、二十年と時が流れ、成長した子どもとは一緒に暮らせなくなった。それで若い世代は次々と団地を出ていき、あっという間に高齢の親世代ばかりが残る〝限界集落〟状態になったのですね。リニューアル開所式には二カ月前に初当選したばかりの新米子市長が出席しておられたので、ちょっと注文をつけました。そもそも、世代間交流などが物理的に不可能な住宅を供給しておいて、今になって大変だというのはいかがなものか。東京の多摩ニュータウンなどでは、一戸当たりで二世帯以上が暮らせるように改築して売り出したら若い世代が入居するようになったと聞きます。米子でもできないことはないと思う。それは行政の仕事ではないですかと直言しました」

――今現在、居住している高齢者のための政策だけでは、高齢化問題は解決できないということですか

「UDタクシーとか、地域医療の支援とか、鳥取県との共同プロジェクトでこれまでにやってきたことは、限界集落に住んでいる人たちのためでした。もちろんそれは必要なことです。しかし、誤解を恐れずに言いますと、それは新たな住民を呼び込むことには直接つながりません。これからやるべきことは、大きなスペースをもった集合住宅を用意するとか、思い切って田舎を変える方策です」

――例えば、どんな方策ですか

「県単独ではできない、大胆な提案になってしまいますが、鳥取から大阪や神戸あたりまで、一時間ちょっとで移動できるようなインフラの整備が必要だと思う。鳥取―大阪間の直線距離は約百五十キロメートルですが、現在は最も早く着くJRの特急でも二時間半かかる。そこに高速列車を走らせれば暮らしは随分変わり、大阪・神戸の通勤圏になります」

――思い切ったインフラ整備への期待が、地元の鳥取にはあるのでしょうか

「鳥取に限らず、のんびりした地方に移り住みたいという願望はブームとしてあるのでは

ないかと思います。だけど、その大半は、功成り名を遂げて、余生を田舎で過ごしたいという人たち、もしくは、都会を本拠としながら、田舎にも拠点がある〝二重生活〟をしたいという人たちです。高齢者が安心して暮らすことができ、しかも若い人たちを田舎暮らしに呼び込んで人口を増やすには、まず、大都市圏への通勤が可能になる交通システムの整備や、在宅看護センターの拠点をつくるといった地域医療システムの構築、そして家族と共に生活コストが安い田舎に住み、子どもが十分な教育を受けることができる環境づくりが必要です」

働ける障害者たち

■工賃伸び額全国一

東京・赤坂の日本財団ビル一階に、焼きたてのパンを売る「スワンカフェ＆ベーカリー」赤坂店がある。宅配便事業「ヤマト運輸」の元会長、小倉昌男（1924〜2005年）が設立したヤマト福祉財団がつくったパンの製造販売会社「スワン」の直営店舗の一つだ。スワンのモットーは、障害をもつ若者に働いてもらい、経済的に自立が可能とされる給料（月額十万円以上が目安）を支払うことだという。

スワンのホームページによると、「障害者が働くおいしい焼きたてのパンの店」を掲げたベーカリーの一号店は1998年、東京・銀座にオープンした。市場で競争力のあるパンづくりを目指して事業を拡大し、直営店は銀座店と赤坂店を含めて五店。このほか、フランチャイズ店が札幌から東京都内、新潟、埼玉、福井、大阪などの府県で二十五店ある。そこでは計三百五十人以上の障害者が働き、社会参加を果たしている。

障害者の経済的自立への支援がアピールされるようになって久しい。しかし、日本の社会全体を見渡してみると、障害者の就労が公平・公正になされているとは言い難い。スワンの事業について日本財団の担当者に聞いたところ、「民間による障害者の就労促進の数少ない成功例の一つ」との評価だった。

障害者が、どのような職場で、どのようにして働き、どれくらいの収入を得ているのか。その実態を正確に把握している人は、ごく一部に限られているといっていい。筆者も今回の鳥取県での取材を始めるまではほとんど知識がなく、障害者の雇用について深く考えることもなかった。

障害者が働く福祉事業所は、雇用契約に基づいて最低賃金以上が支払われるA型事業所と、雇用契約はなく、障害がより重い人が行う授産的な作業に対して「工賃」が支払われるB型事業所がある。とくに、B型の「工賃」の金額を知って驚いた。厚生労働省の調査によれば、全国平均で月額一万六千百十八円（2018年度）というのだ。「賃金」や「給与」が労働基準法に基づく労働への対価であるのに対し、最低賃金を保証しない、訓練的な意味合いの作業への手当だから「工賃」と呼ばれるらしい。上から目線で与えられた呼称のようにさえ感じられる。

今、日本財団との共同プロジェクトで、「障害者が活力をもって暮らせる就労環境の実現」を目指して取り組んでいる鳥取県の場合も、過去の長い間、障害者が手にする工賃は極めて低い額に抑えられていた。

日本財団との共同プロジェクトが始まる十年前の２００６年、鳥取県内の小規模な福祉事業所（現在のＢ型事業所）で働く障害者の工賃は月額一万千円足らずで、全国平均よりも低かった。そこで県は障害者の工賃三倍増計画を打ち出す。現知事の平井伸治が就任する一年前のことである。

「なぜ、工賃三倍増計画だったかというと、当時の障害年金の支給額が月額約六万六千円だったからです。工賃が三倍になって月額三万三千円になると、年金と合わせれば約十万円で、生活保護費に相当する額となる。自立可能なレベルに届くとの判断からでした」（鳥取県・共生社会プロジェクト推進室）

その後、日本財団との共同プロジェクトが始まったことによって、鳥取県の障害者が手にする工賃は年を追って上昇した。県障がい福祉課によれば、県内のＢ型事業所（百二十九施設）の平均工賃月額は２０１７年度には一万八千三百十二円と全国平均を二千七百九円上回り、２０１８年度はさらに増加して一万九千五百十一円と過去最高を更新している（全国平均は一万六千百十八円）。

この鳥取県のＢ型事業所の平均工賃月額は、伸び額でいえば２０１６～17年度は千百四十三円と全国で唯一、千円を超す一位だった。さらに２０１７～18年度も前年度を上回る千百九十九円である。また、２０１８年度にＢ型事業所で働いた障害者は前年度に引き続き延べ三万人を超え、工賃支払総額も初めて六億円を突破した。以上のデータは、障害者の就労状況が着実に改善に向かっていることを物語っている。

さらに、これらの数字を大幅に引き上げる取り組みが日本財団との共同プロジェクトによって展開されていた。

■ワークコーポの智恵

《ワークコーポとっとり》という名の共同作業所が、ＪＲ鳥取駅の北西三キロほどの市街地にある。

床面積は約五百平方メートル。簡素なプレハブ造りの平屋の建物に毎日、県東部地域の八～九事業所から派遣された計三十～四十人の障害者たちが働きにやってくる。

ここでは２０１７年、いち早く工賃月額三倍増の四万五千円を達成していた。２０２０

年内にはいっきに月額七万五千円の達成を目指しているとのことだった。これらの数字が物語る通り、《ワークコーポとっとり》は県内の障害者の工賃を引き上げる牽引役を果たしてきたのである。

何の変哲もない外観の共同作業所の中に、どんな智恵が詰まっているのだろうか。

《ワークコーポとっとり》は、じつは鳥取県と日本財団の共同プロジェクトが始動する前の２０１５年10月に開設された。運営にあたったのは、小規模の福祉事業所で働く障害者の支援業務を県から委託されているＮＰＯ法人「鳥取県障害者就労事業振興センター」である。請け負う作業は菓子用の箱折りやダイレクトメールの封入、電気製品の部品の袋詰めといった、いわゆる〝軽作業〟だ。

小規模事業所の場合、大量の注文を単独で請け負うのは難しい。例えば、十人のスタッフしかいない作業所が一日に二千個の箱折りを受注するのは無理である。そこでいくつかの事業所が共同で受注し、《ワークコーポとっとり》に集まって作業をする体制をつくったのだった。

障害者就労事業振興センターの《ワークコーポとっとり》担当、佐野望美《のぞみ》（１９７８年生まれ）は、事業所を回って共同作業場への参加を呼びかけたことが現場の実情を知る貴

「ワークコーポとっとり」の作業場。30～40人が働きにやってくる（2019年10月、鳥取市商栄町）

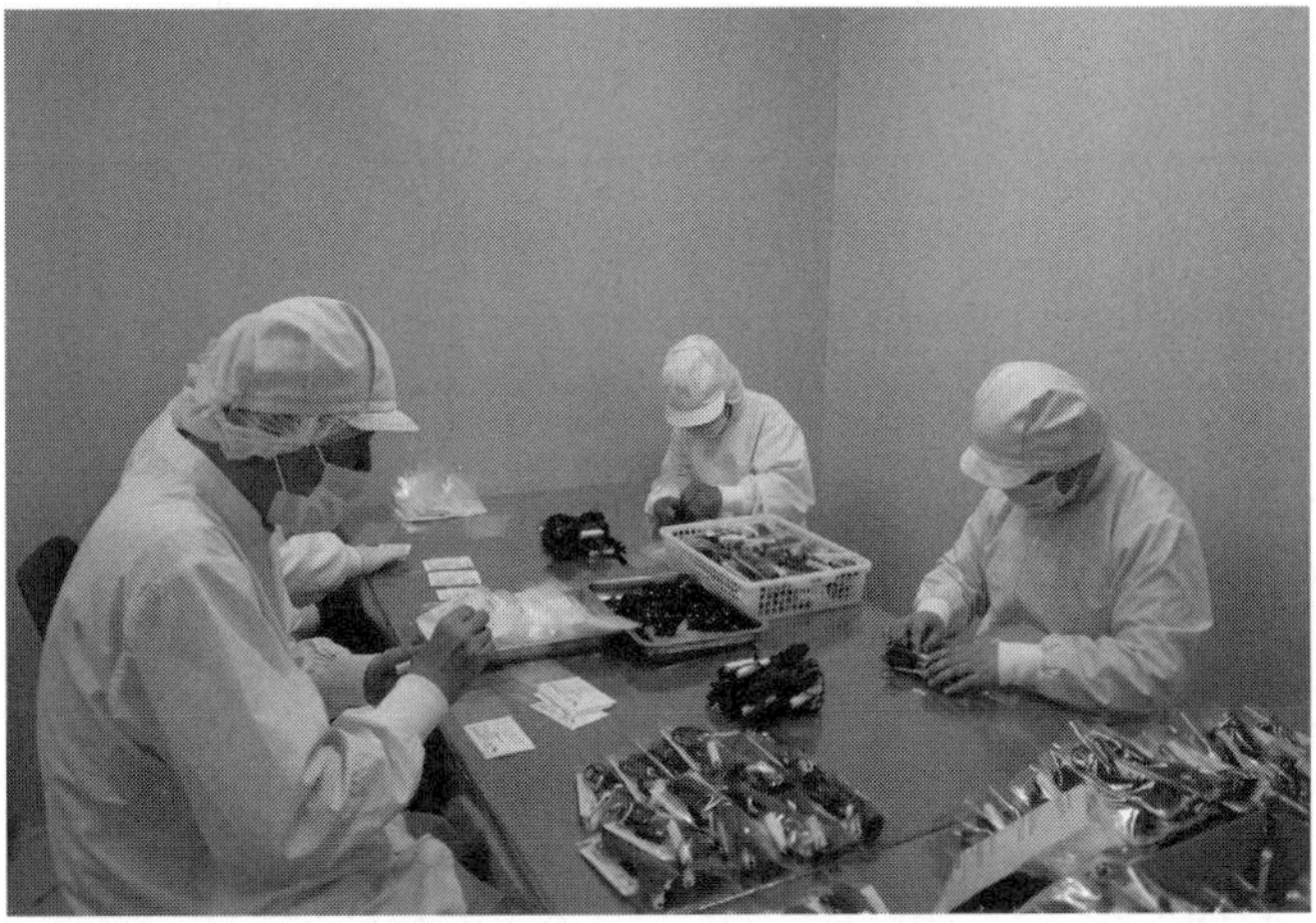

作業に励む人たち。衛生・品質管理のため、白衣、マスク、帽子を着用している（2019年10月）

重な経験になったと振り返る。

「各事業所が提案を受け入れたことは、むしろ予想外ともいえることでした。というのは、事業所ごとにやっている作業の分野が違っていたりして、事業所同士が連携したことなどなかったからです。それに、同じ作業をするにしても、能力の高い人とそうでない人では工賃に差が出るのが通例でした。共同作業という連携プレーが成立しにくかったのです」

しかし、やがて日本財団が支援する共同プロジェクトが始まり、《ワークコーポとっとり》の体制はハード、ソフトの両面で強化された。それが製品の品質向上と障害者の働く意欲を高めることに反映された。2016年から17年にかけてのことである。

《ワークコーポとっとり》の作業室に入るには、衛生管理上、二重に帽子をかぶってマスクを掛け、専用の白衣を着用しなければならない。入り口に置かれた粘着ローラーやマットで靴のゴミ・埃を取り、手洗い・アルコール消毒の励行は必須である。作業室は全体が防虫カーテンで覆われている。

このほか、衛生・品質管理のためには、商品に付着した金属類を検知し、ブザーを鳴らす金属探知機や、あらかじめ定めた基準値と異なる数値が判別された場合に商品の排出を自動的に行う重量選別機がある。

これら製品の品質向上につながる機器・機材類の購入と生産管理についてのコンサルタント会社への相談料などで、日本財団は障害者就労事業振興センターに対し、２０１６～17年度だけで計三千七百八十六万円を助成している。

工賃を押し上げることになった大量の受注は、いかにして可能になったのか。佐野は次のように説明した。

例えば、電気製品の接続コードをビニール袋に詰める場合、①コード線の通電検査②検査後の外観チェック③二つの検査をパスしたコード線を袋に入れ、セロハンテープを貼る――といった工程を決める。ここで重要なことは、ＡＢＣ三つの事業所が参加したとして、Ａ事業所のグループは工程①、Ｂ事業所は工程②、Ｃ事業所は工程③といった振り分けをしないことだ。基本的には各事業所のグループごとにすべての工程を経験するようにし、袋詰めの数量は事業所の能力によって分配する。その方が作業効率は上がるという。

佐野望美

「作業量のコントロール、つまり生産管理につながるからです。これによって、それまではできなかった大量の注文をこなすことができるようになり、継続性のある仕事がとれるようになりました。それで、各事業所の収入は上がり、ひいては障害者が受け取る工賃のアップにつながったのです」

工賃のより一層の上昇をもたらしたのは、《ワークコーポとっとり》が2017年に導入した「アッセンブリー（組み立て作業）」と呼ばれる一連の作業手法であった。

従来、福祉事業所で障害者が行う作業といえば、お菓子ならお菓子を袋に詰めるだけの単一の作業だった。しかし、「アッセンブリー」では、お菓子を内袋に詰めるだけでなく、外袋に入れたり外箱を組み立てたりし、さらに中にカタログを入れ、最後に製品の帯ラベルを貼るなど、実際に店頭に並ぶ完成品としての商品になるまでの一連の作業を請け負う。これは、発注する側の信頼を得たからにほかならない。

「単一の工程だけの作業と比べると格段に手間がかかり、責任も重くなりますが、その分作業単価は高い。そして、何よりも、これまでは形になって見えなかった商品が、単なる部品ではない、完成品として手にすることができるようになった。それが作業をする障害者の意欲の向上をもたらす意義は大きいと思います」

インタビューの最後に、佐野が印象的なエピソードを語った。

「B型事業所で働いていた障害者が《ワークコーポとっとり》に来て、これまでできなかった作業ができるようになった、ということが起きています。それで、雇用契約がなく最低賃金も決められていないB型事業所を卒業して、A型事業所に行くと言った人がいるのです。自信がついたのです。A型事業所では最低賃金は保証されているけれども、雇用契約に基づき、毎日きちんと出勤しなければなりません。その壁を乗り越える、挑戦の決意でした」

竹村利道

■キーパーソンの怒り

日本財団公益事業部のシニアオフィサー、竹村利道（1964年生まれ）は、前出の佐野望美と共に《ワークコーポとっとり》のプロジェクトを支えてきたキーパーソンである。竹村は三十余年もの間、障害者のための福祉事業に携わってきたエキスパートだ。その行動エネルギーの源は、福祉行政のありように対する不満だといえる。竹村の話には、障害者の工賃を何としても引き上げたいと思う熱意がこもっていた。

「日ごろ障害者に接することが少ない健常者の多くは、障害者について、体が不自由で寝たきりだったりで、働けない人といったイメージを抱いています。しかし、『障害者』という枠でくくられる人たちのうち、そのような全面的な介護を必要とする人は、じつはほんの一握りなのです。ほとんどの障害者は自分で動けるし、働ける。であるのに、『障害者だから、働けない』と一方的に決めつけられてきたのです」

竹村が日本財団に入ったのは2015年である。《ワークコーポとっとり》には設立当初から日本財団側の一員としてかかわってきた。というより、どうしたらB型事業所で働く障害者の工賃を引き上げることができるかという難題への取り組みが、竹村を日本財団に引き寄せたといえる。

「《ワークコーポとっとり》に来ているのは、ほとんどが軽度の知的障害や精神障害の人たちで、休憩時間に独り言を言ったりすることがありますが、作業は十分にこなせる方々です。以前は作業スピードも遅かった。しかし今では、皆さん、テキパキと作業を進めています」

障害者福祉の現場に長く身を置いてきた竹村の次の発言は重要である。

「全国に今、非就労の障害者が三百六十六万人いると見られます。その大半は、実際には働けるのに、働けない、ないしはきちんとした作業ができない、と決めつけられた人たちです。なぜ、働けない、十分に働けないと決めつけて、低い工賃で働かせようとするのか。それが、僕の怒りの原点なのです」

竹村の個人的な意見の表明ではあるが、弱者の視点に立った取り組み姿勢は日本財団のすべての事業に貫かれている。竹村の経歴をたどってみると、鳥取県×日本財団共同プロジェクトが障害者福祉の分野で何を問いかけようとしたかが浮かび上がってくる。

１９８５年、駒澤大学文学部（社会福祉専攻）を卒業し、郷里の高知市に戻った竹村はソーシャルワーカーとなり、私立の総合病院と高知市障害者福祉センターで計六年間勤務した。

「その間、障害者へのデイサービスを刷新しようと、スポーツを取り入れたプログラムを実践しました。その成果の一つとして、障害者の社会参加の促進を目的に掲げた高知県立障害者スポーツセンターができたと自負しています」

竹村は「障害者が思う存分働けるようになる支援がしたい」との思いが募る一方だった。そこで、2002年に福祉センターを退職した竹村は障害者を雇用する企業を応援したり、就労支援を行う人材を育成するNPO「ワークスみらい高知」を立ち上げた。同時に、自分でも三人の障害者を雇って食品卸会社を設立する実践に乗り出した。その時、どうにも理解しがたい福祉の現場の実態を知る。

「当時の福祉制度では、国は授産所に対し、障害者の措置費として、ざっと一人月額二十万円（注＝障害の程度で変動はある）の助成金を出していました。仮に二十人雇用しているとすれば、月四百万円、年間では四千八百万円になります。ものすごい額の公費です。ところが、高知県の法定最低賃金が六百十一円だった時代ですから、授産所の障害者が受け取る工賃は一人当たり月額一万円にも満たなかった。その一方で、授産所施設の理事長などは、外国製の高級車を乗り回す暮らしぶりなのです。不条理な事例をいくつも見てきました」

公費が障害者の工賃アップなど待遇の改善には注がれず、施設経営者の懐に入っているだけではないかと疑いたくなる実態だった。竹村は「国の助成金は障害者のために使われていない」と訴え続け、助成金の申請を通じて知り合いになった日本財団の幹部にも遠慮することなく苦言を放った。

「日本財団の助成金だって、障害者のために使われているかどうか、わかりませんよ」

すると、竹村のその苦言を受けた日本財団の幹部が真顔で言った。

「そこまで言うなら、あなた、ご自身が日本財団に入ってください。そうして、助成金が有効に使われるよう取り組んでみたらどうか」

かくして、竹村は日本財団の一員となり、前述の「工賃三倍増」プロジェクトのパワーアップに取り組むことになった。２０１５年のことだ。

■チャレンジ支援

日本財団に入ってすぐ、竹村は鳥取県庁へ行き、障害者の就労を担当する職員に「県が解決できないでいる最大の問題は何ですか」と確かめた。予想通り、「障害者の低賃金」との答えが跳ね返ってきた。

竹村は県内に百二十カ所以上あるＢ型事業所のうち、とくに障害者が低賃金に甘んじている約三十カ所の事業所に足を運び、実情を調べた。そのうえで、すべてのＢ型事業所の代表者を東部（鳥取市）、中部（倉吉市）、西部（米子市）と三つのブロックごとに集め、「障害者の工賃を三倍にする方法」を提案し、意見を聞いた。

カフェやレストランの経営といった、思い切った方法を竹村が提案した時のことだ。

「うちでは接客や菓子の製造などはできません。できるのは、単純な軽作業だけです」

割り箸やティッシュペーパーなどの袋詰め作業しかできないと自らを閉ざしている。一件につき三千万円を投資すると提案しているのに、跳ね返ってくるのは消極的な反応だけだった。

ある代表は言った。

「日本財団さんは工賃三倍増だとおっしゃる。でも、それは三倍働けということではないのですか」

竹村は逆に、問い返した。

「同じ仕事量でも、工賃が三倍になる仕事を探してきます。それが見つかったら、やってみますか」

竹村はNPO活動で培った人脈をたぐり、工賃三倍のモデルになるような作業所を探し続けた。その結果、たどり着いたのが、神奈川県内の菓子製造工場である。そこではメー

平均工賃月額の推移

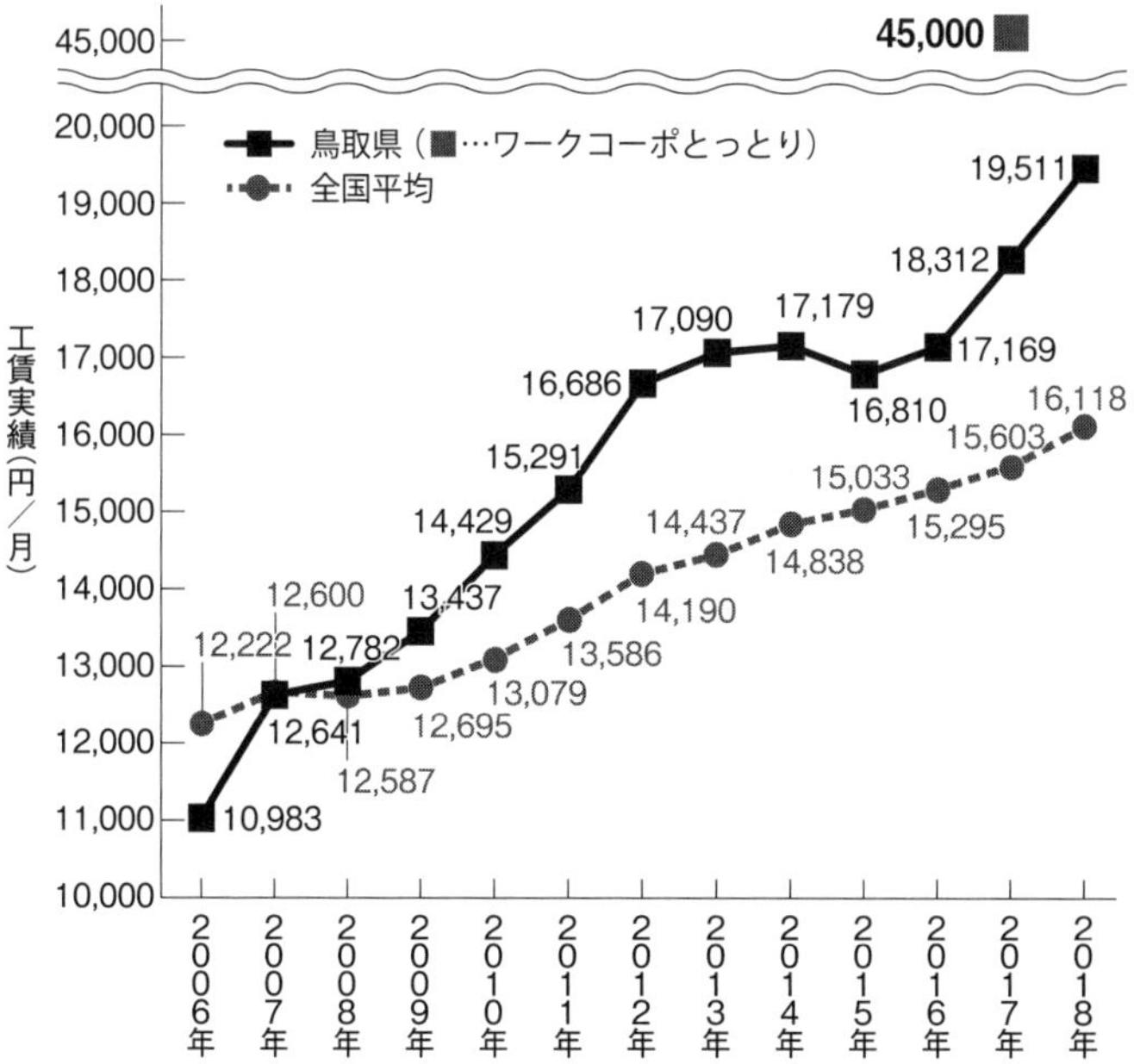

「鳥取県工賃3倍計画」（鳥取県発表のデータに基づく）

カーがつくった菓子が商品として店頭に並べられる前に必要な内袋詰め、外箱入れ、ラベルの貼り付けといった一連の作業が行われていた。

その工場の担当者は竹村に言った。

「障害者もこなせる作業だと思います。この業界は人手不足ですから、受注は期待できます。この高付加価値のやり方だと、時給千三百円が可能です」

これが、《ワークコーポとっとり》が2017年に導入した前述の「アッセンブリー」方式であった。工賃月額はたちまち三倍増の四万五千円となった。

お菓子の袋詰め・箱詰めのほかにも「アッセンブリー」方式を導入できる仕事はある。その一つが、図書館で貸し出しする書籍の破損を防ぐために表紙を覆うビニールの貼り付け作業だ。表紙貼りだけでなく、背の部分に整理番号を添付する手作業も加わるので、大手の出版物取次販売会社からの引き合いが多いと竹村は言う。

竹村は、障害者の工賃を引き上げる「アッセンブリー」方式は鳥取県内だけでなく、全国各地のB型福祉事業所に広めるべきだと考え、注文を受け付ける「全国受注センター」の設置を提案している。《ワークコーポとっとり》でつくり上げた鳥取モデルの全国への波及を目指す意欲的な取り組みである。

「障害者一人ひとりが、各自に相応の収入を得られる社会を構築することが、日本財団に与えられたミッションだと私は考えています」

■理事長のコメント③

日本財団と鳥取県による共同プロジェクト「みんなでつくる〝暮らし日本一〟の鳥取県」の協定（2015年11月に締結）の中で、障害者の就労支援はとりわけ重要な位置を占めている。理事長の尾形武寿にこの問題で質問をしながらつくづく感じたのは、日本財団が国内外の障害者を対象に長年にわたって続けてきた支援実績の厚みである。

尾形がまずふれたのは、日本財団が鳥取県との共同プロジェクトを開始する七カ月前の2015年4月、障害者の就労が、鳥取県に限らず全国の地域活性化の突破口になるような社会を目指す取り組みに着手していたことだ。

それを「はたらくNIPPON！計画」といった。第一期（2015～18年）と第二期（2019～22年）、そして第三期（2023年以降）に分けられた遠大な計画である。

第一期では、障害者の就労を促す新規モデル事業づくりと、この問題にかかわる福祉・

医療・行政・企業各分野の関係者が年一回集まって議論する全国フォーラムの開催を二つの柱とした。

第二期からはタイトルをより明確に「日本財団はたらく障害者サポートプロジェクト」と改称し、目の前にある克服しなければならない課題と、それらに対する出口としての具体的な解決策やビジョンを示し、実行することを目指した。第三期の目標は、健常者も障害者も、誰もが「当たり前に働く社会」の実現である。

――「はたらくＮＩＰＰＯＮ！計画」の基盤があって、鳥取県で成果を挙げた取り組みもあったわけですね

「障害者を雇用した企業には国から助成金が給付されますが、肝心の障害者に手渡しされるお金は助成金の一割程度という実態があります。そんな中で、鳥取県のB型事業所における障害者の工賃の伸び額が二年連続（２０１７年度と18年度）で全国一となった。これは具体的な成果です。私たちが次に目指しているのは、志のある民間起業家がごく普通の営利企業を起こして、そこで働く障害者の給料が月十万円を超えること。もちろん、その企業が十分な収益を確保したうえでのことです」

――日本財団ビル内にある、ヤマト福祉財団が経営する「スワンカフェ＆ベーカリー」は障害者雇用の成功例だといわれますね

「給料が月十万円を超えることで、生活保護を受けるサイクルから抜け出せることは非常に大きい。家計に貢献できるし、二～三年たつと、税金を払う側に立つわけですから、自信にもつながります」

――働く障害者が増えることによるプラス効果は大きいですね

「今、人手不足だといわれています。でも、それで、外国人労働者を受け入れることもやむなしというのは、ちょっと短絡的ではないかと思います。その前に、障害者に働いてもらって、必要な労働力を確保するのは可能なのです。例えば、耳が不自由な人、難聴の人は、ほかは何の問題もないにもかかわらず、働く場所がない。それは、筆談の手段や手話といったコミュニケーションツールが社会に整備されていないからです。鳥取県が先頭を切って制定した手話言語条例は全国の自治体に広まりましたが、まだ法令化はされていません。手話というコミュニケーションツールがもっと一般化すれば、聴覚障害者が働く範囲が拡大されます。それによって、社会コストはかなり削減されるはずです」

――障害者が暮らしやすい社会を、地方からつくっていくべきですね

「現代日本の生活習慣や文化は都会から、極端に言えば東京から発生していると思います。街の中には何でもあり、それ自体はすばらしい文化、文明です。しかし見た目の華やかさに圧倒され、街の中には健常者しかいないと皆が思い込むような社会が出来上がってしまった。すばらしいが、いびつなコミュニティです。そういうところには高齢者や障害者は住みづらい。それを何とか解決しないと、日本はいい国にはなれないと私は思います」

◇社会的コスト・その3

鳥取県×日本財団共同プロジェクト「みんなでつくる〝暮らし日本一〟の鳥取県」の数多くの取り組みが、社会が負担している費用の削減に貢献しているのは間違いないだろう。しかし、取り組み全体が達成した削減総額を数値で表すことは難しい。そこで、比較的わかりやすい具体例を一つ挙げておく。「とっとり方式認知症予防プログラム」の全県展開の効果である。

鳥取県の認知症高齢者は全国と比較しても多く、二万千人（２０１７年４月現在）と推計されている。七十五歳以上の高齢者が多いことが背景にあるようだ。

そこで日本財団との共同プロジェクトとして２０１６年度から、県が鳥取大学や伯耆町と連携し、認知症予防プログラムの開発に着手した。研究者や医療・福祉関係者、リハビリ専門家らがそれぞれの知見を生かして協議し、運動、知的活動、座学を組み合わせた独自の予防プログラム（週一回二時間、二十四週間実施）をつくった。

２０１７〜18年度の二カ年度にわたり、伯耆町の高齢者百三十六人を対象にこのプログラムを実施し、実施前後の認知機能や身体機能の測定データを比較・分析した。検査対象の母数は少ないが、全体として予防プログラムの実施によって認知機能は改善されたとの結果が出ている。これを受けて、プログラムの効果を県内の市町村・介護事業所に周知し、地域の介護予防教室や介護施設などで実践するよう呼びかける。

全県展開の成果についての詳細なデータはまだない。しかし、この予防プログラムの導入によって、次のような社会的効果（医療費・介護費の削減など）が期待できる。

慶応大学医学部・厚生労働省研究班の推計（２０１5年5月）によれば、認知症患者一人当たりの認知症に関連する医療費は、入院の場合は月額三十四万四千三百円、外来だと同三万九千六百円。また、介護サービス利用者一人当たりの認知症に関連する介護費は在宅で年間二百十九万円、施設介護で同三百五十三万円。さらに、認知症の家族らが無償で行うケアにかかる費用も同三百八十二万円とされる。

これらの費用をもとに、鳥取県福祉保健部が試算したところ、県がすでに実施している介護予防事業の参加者と同じ割合（１・３％）の高齢者が認知症予防プログラムに参加し、それによって認知症になることを防ぐことができたとすれば、年間約五十八億円の社会的コストがかからなくなるという。これは、高齢者に関する県の年間医療費・介護保険費全体約千二百八十二億円（２０１１～12年度）の約４・５％にあたる。

言うまでもなく、認知症は鳥取県だけの課題ではない。厚生労働省研究班の推計（２０１３年）によれば、認知症の人の数は全国で四百六十二万人（高齢者約七人に一人）、認知症予備軍は四百万人とされる。その社会的費用は十四兆五千億円ともいう。そして、団塊世代が後期高齢者となる２０２５年には認知症の人が約七百万人（五人に一人）になると予想される。まさに喫緊の大課題である。

「とっとり方式認知症予防プログラム」は鳥取県にとどまらず、全国展開を検討すべきだろう。

笹川陽平会長インタビュー

◇笹川陽平会長インタビュー

日本財団の活動を追跡するシリーズ本は第六巻となった今回、

第1章　職親プロジェクト

第2章　特別養子縁組という方法

第3章　鳥取発の地方創生

という三つのプロジェクトを選び、それぞれの端緒や概要、そして進捗状況を検証してきた。

各プロジェクトは期待通りの成果を挙げているのか。また、どのような課題を提起したのか。推進役を務める日本財団の笹川陽平会長に経過を振り返ってもらいながら、これまでの実績を〝自己採点〟してもらった。

【職親プロジェクト】

――まず、職親プロジェクトですが、ことの起こりは、日本財団内部で日常的に行っていた新しいプロジェクトの開発・開拓のための自由討論「語り場」ですね。それ以前から関心があったテーマだったのですか

笹川陽平会長

「刑務所出所者の再犯率が非常に高いという事実は新聞記事などで知ってはいましたが、それ以上は考えを進めたわけではありませんでした。議論を進めていって、あれもこれもできない、何かに絞り込もうと思いました。出所者の中でも、年配者の再犯防止は難しい。少年院にいた人を含めた、できるだけ若い人を対象にし

ようということになりました。そして、プロジェクトを具体化するために私が提案したのが、『日本財団という方法』です。学者やマスコミ、法務省の幹部、法務大臣にも来ていただいて議論し、解決法を導き出すやり方です。幸いなことに、お好み焼きチェーン千房の中井政嗣会長が出所者の更生を後押しする取り組みをすでに始めておられたこともあって、民間企業側がすぐに議論に加わっていただけました」

――最初から官民協働路線を考えていたのですか

「というより、私が強調したのは、『日本財団という方法』をとらないと問題は解決しないという一点でした。日本財団がプロジェクトのハブになるということです。日本財団にあらゆる関係者や専門家が集まって議論を重ね、一つの方向性を打ち出していくやり方です」

――プロジェクトはスムーズに前進したのですか

「率直に申し上げて、法務省はお役所の中で最もおカタいお役所ですから……。とくに、刑務所や少年院では、内部で事故がない、脱走者が出ないことが最優先されます。刑務所の中では受刑者たちに社会に戻った時に備えて木工作業などの職業訓練を施していたようですが、実際にはあまり役に立たない。そもそも、刑務所は出所した者のその後の動向にはまったく関知しなかったのです。これでは、再犯防止にはなりません」

――出所者を受け入れる民間企業側の姿勢はどうでしたか

「出所者を受け入れる〝協力雇用主〟として法務省に登録されている事業所のうち、実際に雇用しているのはほんのわずかでした（注＝2018年版犯罪白書によると、協力雇用主は二万七百四社。そのうち実際に出所者を雇用しているのは八百八十七社、千四百六十五人にとどまっている）。建前だけでなく、本当に親代わりになる雇用主が現れなければ、出所者はその職場の一員にはなれません」

――どうやって第一歩を踏み出しましたか

「日本財団の役割は、モデルケース、成功例をつくることでした。どこもかしこもできませんから、いくつかの刑務所や少年院を選び、そこに協力雇用主が足を運んで出所前からリクルートするやり方です。刑務所内での社会復帰のための教育や職業訓練にもかかわっていく。刑務所や少年院側とタイアップしてやりたいと法務省に何度も要望書を出しました。実現するまでに、法務大臣が四代代わりましたが……」

――プロジェクトに取り組んで、どんなことに苦労したのでしょうか

「出所者を雇用したいと思う雇用主は、就労を安定させるために、その出所者について何でも知っておきたいと思います。どんな性格かとか、家族関係も含めて。そこで、刑務所や少年院に対して、職親プロジェクトの雇用主が知りたいと思うことは教えてほしいと頼むのですが、それは個人情報であるから法務当局としてはできないという返事でした。個人情報に関するルールづくりの動きが出たのは最近です。人権にかかわる、難しい問題だとは思いますが、就労を継続させ、再犯を防ぐため、柔軟な対応を望みます」

――ほかには……

「刑務所内での職業訓練プログラムにパソコンを取り入れることも最初は許可されませんでした。情報が洩れる、といった理由で。今はパソコンを使えないと、ほとんどの職場で仕事にならないですよね。現実社会の実態を考慮してほしいと説得するのに時間がかかりました」

――若者、中でも少年の犯罪の質が変わってきたようですね

「千葉県の少年院に入っている少年たちの犯罪歴で最も多いのは窃盗や傷害ではなく、詐欺罪だという話を最近聞きました。詐欺といっても特殊詐欺。つまり、振り込め詐欺やオレオレ詐欺の受け子で、全体の五割以上を占めているそうです。彼らに共通しているのは罪の意識が希薄なことで、それだけ更生が難しく、法務省でも対応に苦慮しています」

――犯罪少年の更生につながる、ちょっといい話はありませんか

「日本財団の活動に協力してくれているプロボクシングWBA世界ミドル級チャンピオンの村田諒太選手が、その千葉県の少年院を訪れ、講演をした時の話です。村田選手は自分の成功物語ではなく、非行に走りそうになった少年時代の挫折と孤独を語りました。そして、少年たちの前にぐっと体を突き出し、こう言ったそうです。君たち、腹の立つことがいっぱいあるんだろ、だけど、ここから立ち直りたいと思うなら、俺の体をなぐってみろ、と……。自分の可能性を信じて、思い切りやってみろ、という意味でした。講演が終わり、少年院生の代表が手にしたメモを見ながら感謝の言葉を述べ始めました。ところが、途中でメモを読むのをやめた。自分自身の言葉で胸のうちを語り始め、村田選手に感謝の気持ちを伝えたそうです。その場にいた少年たちは皆、泣いていたといいます。犯罪に手を染めてしまった彼らは、お説教を聞いたことはあっても、村田選手がしてくれたような励ましを受けた経験がなかったのだと思います」

――最初に「職親」となった大阪の経営者の方々について語ってください

「強い印象を受けた人たちです。皆さん、熱意をもって取り組んでいただいています。一番感心したことは、皆さんがそれぞれ、自分の会社内で従業員となった元受刑者たちの過去の犯罪歴を隠そうとするのではなく、あえて公表していることでした。これはすごく大事なことなのです。公表しないでいると、社長が元受刑者を特別扱いしているようにも見え、社会復帰を後押しするためにやっている真意がわかりにくいからです。みんなで社会復帰の手助けをしようと社長が呼びかければ、社員も協力しようという気持ちになります。それが大事です。社員一人ひとりに社会貢献しようという気持ちが湧き起これば、会社のモチベーションが上がる。プラスの影響です」

――それでも、仕事を続けられず、やめてしまう元受刑者は少なくない。社会復帰を手助けする取り組みは一進一退のようですね

「元の悪い仲間が身近にいたり、スマホで誘いかけてきたりすることが多いようです。かといって、スマホを取り上げたりすることまではできません。難しいです。職場の定着率

はその会社によりますが、出所後六カ月以上勤務を続ける元受刑者の割合が二割とか、三割ぐらいのところが少なくないとも聞きます。この数字だけからいえば、プロジェクトは失敗だと指摘されるかもしれません」

——職親プロジェクトの取材をしていて思ったのですが、成功した事例ばかりを並べていては嘘になってしまうのではないかという気がします。失敗の事例があるからこそ、このプロジェクトの意味があるのではないでしょうか

「おっしゃる通り。失敗したのが八割もあったと考えるか。成功事例が二割もあると考えるか。われわれは、二割も成功事例があったと思うようにしています。二割の人の社会復帰を手助けしたのなら、ゼロよりははるかにいい」

【特別養子縁組という方法】

――1970年代の「赤ちゃんあっせん事件」で世論を喚起した宮城県石巻市の菊田昇医師と、2007年にいわゆる赤ちゃんポスト「こうのとりのゆりかご」を始めた熊本市の蓮田太二医師の取り組みについては詳しく紹介しました。この二人の医師の考え方と行動について、どう評価しますか

「お二人は、子どもの命を守るという確固とした信念を貫き、時代を切り開かれました。世間に非難されることを覚悟のうえで、自分が正しいと思うことを続けた。私は、いつも言うのですが、イノベーションを行う、社会を変革する人間というのは、同時代人から見れば、変人と見られる。飛び離れたことを言っているから、変人に見える。ところが、世の中の変革というのは、皆、変人によって起こされているのです。変人という言葉遣いがふさわしくなければ、先を見る人、未来志向の人です」

――何らかの事情で生みの親のもとで暮らせない子どもの大半は、乳児院や児童養護施

設で育てられています。しかし、日本財団は児童福祉（子どもの幸せ）の観点に立ち、養育は施設よりも「家庭」がいいと考える。その意味で特別養子縁組が望ましいとしつつ、「ハッピーゆりかごプロジェクト」では普通養子縁組や里親制度を含めた幅広い枠組みの「家庭」を重視する考えのようですね。大筋では〝脱施設〟、あるいは施設の機能転換の取り組みを中心に進めていくと理解していいのでしょうか

「そうです。それは２０１６年に成立した児童福祉法の改正に盛り込まれた『子どもの幸せは施設より家庭』だとする一節に集約されています。日本財団の担当者である高橋恵里子が当時厚生労働大臣だった塩崎恭久氏に直談判するなど奮闘を続けてきたたまものです。この改正には施設側が猛反対し、役所も最後まで抵抗しました。塩崎大臣は反対と抵抗勢力の矢面に立って、大変苦労されました」

——特別養子縁組の場合は法的にも唯一の親となります。普通養子縁組なら養親。里親の場合は他人ではあるけれど、愛情をもって親身に育てた里親が、十八歳になって巣立っていった子どもとその後も交流を続けた事例が少なくないと聞いています。これらの親た

ちはいずれも、子どもにとっての「家庭」の中心にいる。そんな環境が大事なのだというわけですね

「そうです。世の中には子ども好きの人がいっぱいいます。何人もの子どもの里親になった人も珍しくありません。国から里親手当が出ますが、それだけでは賄いきれません。お金だけを目的に、愛情がないのに里親を続けるなんて、できませんよ。それは断言できます」

——ハッピーゆりかごプロジェクトが成果を挙げた場合の社会的コストの削減は、かなり明確ですね。ゼロ歳から三歳までは乳児院にいて、三歳から十八歳まで児童養護施設にいたとすると、ざっと一億円になるとの試算もあります

「しかし、ね。お金の問題だけじゃあないのです。国家財政の観点からすると、お金に換算して考えることも必要です。でも、われわれはそれだけでプロジェクトに取り組んだわけではありません。人間が生きていくためには、その根本に愛が必要です。それは、本来、家庭で育まれるものです。もちろん、施設の中でもこまやかな愛情を受けている子どもが

いるのは事実です。しかし、職員が仕事として勤務する施設と、親または親に近い存在がいる家庭は、根本的に異なります」

――児童養護施設などの存在意義を全面的に否定することはできません。しかし、施設にはどうしても家庭には及ばない点があるということですね。施設養護が抱えている問題点や課題は、例えば、どういう点にあるのでしょうか

「施設から里親に引き取られた子どもが、しばらくたって、『私は虐待されています。引き取りに来てください』と施設に電話をかけてきたケースがあったそうです。話を詳しく聞いてみると、その子は『朝ごはんの食卓にはいつも、前の日の晩ごはんの残り物が出てくる。だから、私は虐待されています』と説明したといいます。たしかに施設には栄養士がいて、一日三食、違ったメニューが出されます。子どもは、それが当たり前だと思っていたのです。だから、差別され、虐待されていると……。しかし、前夜の残り物で朝ごはんをすますのは、ごく普通の家庭の出来事です。その子にはそれがわからなかった。施設で育てられた子どもは、ごく普通の家庭環境に移った場合、家庭の愛とはどういうものな

のか、愛されているとはどういうことなのかを正しく理解することができないことがあるようです」

――ハッピーゆりかごプロジェクトの次の目標は何でしょうか

「『子供基本法』を提案したいですね。子どものあらゆる権利をきちっと擁護できる法律をつくらないといけないと、私が言い出しています。なぜか。例えば、明治初期に東京大学で生物学を教え、大森貝塚を発掘調査したことで知られる米国の動物学者、エドワード・モースは著書『日本その日その日』の中で、世界中で日本ほど子どもが大切に扱われる国はないと書いています。また、同じ時期に北海道を含む北日本や関西を旅した英国の女性旅行家、イザベラ・バードも、当時の日本人を見て、これほど自分の子どもをかわいがる人々を見たことがないと著書『日本奥地紀行』に書き残しています。ところが、それから一世紀半たった、現在の日本はどうか。近代化し、世界有数の経済大国にはなったものの、育児に関する不安が広がり、児童虐待が増え、児童相談所が2018年度中に子どもへの心理的・身体的虐待として対応した件数は過去最多の十五万九千八百五十件（厚生労働省の速報値）にのぼっています。この背景には、核家族化や地域社会の崩壊が進んだことによって、子どもを『社会の宝』として地域全体で見守り、育てる日本の伝統文化が急速に失われてきた現実があります。そこで私は、新たな子育て文化の確立が必要だと考え、新しい子育ての理念や基本方針を盛り込んだ『子供基本法』を提案しているのです。この間も、国会議員の有志が集まった会合で挨拶した時にふれました。まだ誰も関心をもってくれませんが……」

――子どもの幸せを保障するさまざまな法令を整理して運用する必要もありますね

「各法令を主管する省庁間の縦割り行政の弊害もあって、急速な変化に対応できていないと思います。基本法を制定して、子育ての理念を明確にし、広く社会全体で共有すれば、各法令をもっと効率的に運用できるのではないでしょうか」

笹川陽平会長インタビュー

ハンセン病回復者に話しかける笹川陽平会長（2014年11月、インド・ウッタルプラデシュ州）

【鳥取発の地方創生】

——地方創生という、行政全般にかかわることで、日本財団は鳥取県との共同プロジェクトに乗り出しました。全国の自治体の中で、鳥取県をパートナーに選んだ理由を教えてください

「一つは、知事が非常に柔軟なものの考え方をする人であったことです。もう一つは、選挙に強いと思ったから(笑)。途中で投げ出されたら、困りますから。そして、これは、より本質的な理由ですが、県の人口が約五十五万人と少ないこと。何百万人もの人口を抱えたマンモス自治体とは、とても一緒にできません。五十五万人なら、なんとかモデルケースがつくれると考えたからです」

——全般的に見て、プロジェクトの進捗状況をどう評価していますか

「厳しい見方をすれば、まだ、共同プロジェクトの具体的な実績といえるものはありませ

んね。でも、それは、知事のやり方に問題があるということではありません。プロジェクトを進めるにあたっては、私が提案して顧問団会議という助言機関をつくってもらいました。地方創生というのは知事だけでできるものではなく、そこに住む実力者たち、つまり、農協や漁協、山林組合の組合長さん、さらに銀行協会の会長さん、商工会議所や青年会議所の会頭さんといった、いろんな分野のリーダーたちの意見を聞きながら進めていくものだと考えたからです」

――顧問団会議に出席して、どのような意見を述べられたのですか

「世界に先駆けた地方創生のモデルとなるような課題解決の先進地として、鳥取に来れば成功モデルに出会えると日本中の人に思ってもらえるようにしたい。日本財団は、そのきっかけづくりを行いますと言いました。地方の成否は、お金にかかっているのではないのです。意識改革にかかっているのです。自分たちが長年暮らしてきた町や村に対する誇りがあって初めて、地方創生が可能になるのです。知事さんがいくら力を入れても、県民が俺たちはダメだ、と思ったら、本当にダメになってしまう。わがふるさとほどすばらしいと

ころはないと思った時に、問題は解決するものです。ところが、厳しい言い方をしますと、プロジェクト全体にまだ、熱気が感じられません」

——結果が出たプロジェクトが少ないということでしょうか

「（県全体の）意識改革ができていないということです。意識改革ができれば、助成金なんかすぐついてくるものですが、懸命さがあまり感じられないのです」

——かなり厳しい採点ですね

「いや、NPOへの支援など個別の事業では成果を挙げている例はたくさんあります。しかし、小さな成功が一つ、二つとつながった、大きな熱気のかたまりにはなっていない」

——「日本一歩かない県」の汚名返上に向けて、ウォーキング立県を掲げた事業などは、けっして小さくない成果を挙げているように思えます。歩くことによって、健康が増進さ

れれば、医療費も削減されるわけですから

「ああいう運動をもっと拡大すればいいのです。ウォーキングだけでなく、いろんなテーマのランキングで鳥取県をトップに押し上げるような試みをやってみる。それが、最初の発想だったと思うのですが、ウォーキングで止まってしまった」

——全般的には辛口の評価が多い中で、障害者の工賃引き上げを牽引した福祉事業所《ワークコーポとっとり》の取り組みは成功例の一つではないでしょうか

「あれだけは、成功しているといえますね。障害の程度などから一般事業所での雇用が困難とされ、就労継続支援事業によって、就職に必要な知識や能力の向上を目指す障害者がいます。鳥取の共同プロジェクトで日本財団が支援の主な対象としたのは、このうち、雇用契約が難しいとされ、最低賃金が保障されていないB型事業所で働く人たちでした。B型事業所は全国に約一万カ所余りあり、二十五万人の重度の障害者が働いています。このうち鳥取県内は約百二十カ所です。彼らが受け取る工賃がぐんぐん伸びたのは、日本財団

が乗り出した共同プロジェクトが支援し、共同作業方式を取り入れた《ワークコーポとっとり》などの取り組みが牽引役を果たしたからだと思います。《ワークコーポとっとり》の工賃月額は２０１７年度の段階で約四万五千円と、前年度の全国平均の三倍を達成していました」

――鳥取県での成果には、それまでに日本財団が全国各地で展開してきた障害者支援の経験が生かされているのですか

「Ｂ型事業所の障害者は従来、商品の袋詰めや箱詰めなど、いわゆる軽作業に携わってきました。クリーニングや印刷作業もあった。そこで日本財団は、障害者の就労場所の整備のために全国二千カ所以上で古民家の改修などを支援してきました。しかし、これらは働き場所の拡大にはなりましたが、賃金のアップにはつながらなかった。今、何よりも求められるのは、障害者を『社会的弱者』として『保護』の目線で見てきた行政や事業者の意識改革なのです。障害者が働くレストランやパン工房、食品工場などの成功事例が増えてきたことはうれしい。障害者が働いているのだから店に来てください、買ってくださいと

いうような経営姿勢ではダメ。障害者を雇用することによる助成金だけをあてにするような事業所は、むろんダメです。障害者に合わせた、単価の高い仕事の開拓、しかも一般企業と競争できる商品づくりが求められるのです」

――鳥取に、そして同じ課題を抱える他の自治体に求めるのは、その点ですか

「障害者の就労支援だけでなく、いろんな課題があります。必要なのは、意識改革です。それには、地方の視点と同時に、東京（中央）から見てどうかという視点ももっていただきたい。もちろん、自分たちのふるさとに深い愛情を抱いていることが大前提です。おらが県は少子高齢化が進んでいる。過去には大きな災害がいくつもあった。けれど、それらの苦難や困難をすべて乗り越えてきた。新しい鳥取をつくろうというマインドがあれば、できる。鳥取県との共同プロジェクトは今のところ、思ったほどの成果は挙がっていない。しかし、私は失敗だとは思っていません」

[著者紹介]
鳥海美朗（とりうみ・よしろう）
1949年徳島県生まれ。早稲田大学第一文学部卒。1973年産経新聞社入社。大阪社会部勤務の後、社内制度で米国イリノイ大学シカゴ校大学院などに留学。ロンドン支局長、ロサンゼルス支局長、外信部長、編集局次長、編集長などを経て論説委員。2013年6月退社。同年7月から日本財団アドバイザー。産経新聞客員論説委員。著書に『鶴子と雪洲』（海竜社、2013年）、シリーズ『日本財団は、いったい何をしているのか』（1～5巻）など。

日本財団は、いったい何をしているのか
——第六巻　社会を変える挑戦

発行日	二〇二〇年六月三〇日　第一刷発行
著者	鳥海美朗
発行者	小黒一三
発行所	株式会社木楽舎 〒一〇四・〇〇四四 東京都中央区明石町一一・一五 ミキジ明石町ビル六階
印刷・製本	開成堂印刷株式会社